教育人文丛书

乡土的逃离与回归

乡村教育的人文重建

增订本

刘铁芳 著

海峡出版发行集团

福建教育出版社

图书在版编目（CIP）数据

乡土的逃离与回归：乡村教育的人文重建/刘铁芳著．—3版（增订本）．—福州：福建教育出版社，2022.5（2025.8重印）
（教育人文丛书）
ISBN 978-7-5334-9374-5

Ⅰ.①乡… Ⅱ.①刘… Ⅲ.①乡村教育－研究－中国 Ⅳ.①G725

中国版本图书馆 CIP 数据核字（2022）第 073195 号

教育人文丛书

乡土的逃离与回归：乡村教育的人文重建（增订本）
刘铁芳　著

出版发行	福建教育出版社
	（福州市梦山路 27 号　邮编：350025　网址：www.fep.com.cn
	编辑部电话：010-62027445
	发行部电话：010-62024258　0591-87115073）
出 版 人	江金辉
印　　刷	福建省地质印刷厂
	（福州市金山工业区　邮编：350011）
开　　本	710 毫米×1000 毫米　1/16
印　　张	13.5
字　　数	169 千字
插　　页	2
版　　次	2022 年 5 月第 3 版　2025 年 8 月第 5 次印刷
书　　号	ISBN 978-7-5334-9374-5
定　　价	38.00 元

如发现本书印装质量问题，请向本社出版科（电话：0591-83726019）调换。

目 录

引言　乡村教育的人文重建:起点与路径 …………………（1）

乡村教育的问题与出路:城市取向的乡村教育何以超越 ………（14）
乡村的终结与乡村教育的文化缺失 ……………………………（29）
重新确立乡村教育的根本目标 …………………………………（40）
破碎文化体系中的乡村教育:乡村教育重建如何可能 …………（55）
徜徉在乡村自然与乡土人文之间
　　——一位乡村少年成长史的现象学解读 …………………（74）
生命自然善好的守护:触摸乡村教育的哲学意蕴
　　——以电影《草房子》为例 …………………………………（89）
春晖中学:现代教育的田园牧歌 ………………………………（108）
鲁迅和沈从文:乡土中国教育发展的两种精神脉象 …………（122）
重建乡村社会的文化想象 ………………………………………（138）
乡村教育在现代教育中的位序 …………………………………（157）

回归乡土的课程设计:乡村教育重建的课程策略 ………… (170)
探寻乡村教育的基本精神 …………………………………… (185)

后记　乡村教育、乡村文化与乡村教育人文
　　——我的乡村教育人文研究:回顾与反思 ……………… (197)

附录　乡村教育:为现代人重建精神家园 ………………… (205)

引言

乡村教育的人文重建：起点与路径

偶然看《湖南卫视·乡村发现》采访国内知名摄影家焦波，他的代表作是以自己老家父母的日常生活为题材的全纪实性的《俺爹俺妈》①。焦波朴素的摄影中传达出来的来自乡村社会的温暖人性自不必多说，其中他母亲说的一句话让我尤为记忆深刻。他年迈的母亲对他说，你在外面奔波，累了可以回来种地。我忽然想起，我的父亲也曾经跟我讲过几次，在外面不好过了，不要紧，可以回来种地。

"回来种地"，是一句简单的话，其实这中间蕴涵着的是一种日益被当下现实生活的浮华所遮蔽的朴素的生存理念。"回来种地"，当然最直接的意义是从喧嚣的城市世界中退守，回到乡村，以简单

---

① 焦波的《俺爹俺妈》实际上是对乡村社会的重新发现，他的影像中质朴而温暖的父亲母亲可以说是每个乡村儿女的父母亲形象，同时也是从乡土社会中走出来的当下中国人的父母亲形象的象征。参见焦波著《俺爹俺妈》，华艺出版社出版，同时参见 http://book.qq.com/zt/2005/niang/。

焦波:《俺爹俺娘》,华艺出版社,2005 年

的劳作求得自己的生存。如费孝通先生所说,"靠种地谋生的人才明白泥土的可贵。城里人可以用土气来藐视乡下人,但是乡下,'土'是他们的命根。"① 其深层的意蕴则是,那曾经养育了一代又一代的我们先祖的乡村厚土,乃是我们的生命得以退守的永远的家园,是我们从技术所围裹的现代性藩篱中可退而守之的生存底线。

著名学者钱理群先生在编完《贵州读本》后曾这样表达他的感受:

"这一个月,我一直生活在贵州,也一直在与诸君进行笔谈,内心有许多感受,有的已自觉不自觉地倾注于笔端,有的却永远藏在心的深处了。我好像第一次进入贵州,而以前只是一个陌生人,行走在这块土地上而已。同时,我也在重新发现、认识我自己:原来我和这块土地及生息其中的普通百姓,竟是如此缠绕,密不可分,这是我的真正的回乡之旅。坦白地说,这一个多月,我的日子过得

---

① 费孝通:《乡土中国 生育制度》,北京大学出版社,1998 年,第 7 页。

| 引言　乡村教育的人文重建：起点与路径 |

并不轻松，国际、国内，中国知识分子中发生的许多事情，都让我忧心如焚，并承受着巨大的压力。在这种心境下，只要一打开电脑，进入贵州，我的心就平静下来，仿佛回到真实的大地，感受到某种永恒的东西。于是，所有外界的纷扰，就变得无足轻重，有如过眼烟云了。真没想到，这次编《贵州读本》，对于我，竟会起到精神提升的作用——这块神奇的土地，又一次施恩于我，真不知该如何报答了。"①

钱先生在这里表达的正是另一种"回来种地"，或者叫"回归乡土"的感受。因为在心灵世界中敞开了通向贵州乡土的通道，所以，钱先生"只要一打开电脑，进入贵州，我的心就平静下来，仿佛回到真实的大地，感受到某种永恒的东西"，贵州乡土俨然就成了钱先生生命世界真实信靠的精神大地。与之相对的生存姿态则是"逃离乡土"。这里的"逃离乡土"不仅是一种现实的行动，即一种走出乡村社会的姿态；更是一种生命的姿态，即一种把自我存在之根从乡村社会拔离的姿态。逃离与回归，源于现代性所开启的价值世界与乡土价值世界的内在紧张与冲突。乡土社会的安宁、朴素、宽厚，更多地珍视生存本身的价值；现代性所开启的价值世界更多地无疑是进取、扩展、发展，更多地强调生存之上的获得性价值。逃离乡土的冲动，无疑是生命的获得性价值，或者叫功用性价值，是对生存性价值的压倒性颠覆。②

---

①　钱理群：《追寻生存之根——我的退思录》，广西师范大学出版社，2005年，第200—201页。

②　有一首流行歌《流浪的孩子》是这样唱的："离家的孩子流浪在外边/没有那好衣裳也没有好烟/好不容易找份工作辛勤地把活干/心里头淌着泪我脸上流着汗/离家的孩子夜里又难眠/想起了远方的爹娘泪流满面/春天已百花开秋天落叶黄/冬天已下雪了你千万别着凉/月儿圆呀月儿圆/月儿圆呀又过了一年/不是这孩子我心中无挂牵/异乡的生活实在是难。"这其中的"离家"、"流浪"、"异乡"都较好地传达出一种"逃离乡土"中的生命境遇。

3

在二元对立的格局之中,乡土社会只能作为现代性的退守之所,直白地说,乡土社会始终无法摆脱功用化的存在姿态,这实际上乃是由现代性本身所内含的功用化的存在本性所决定。对乡村社会功用化的超越依赖于乡村社会与现代性之间的二元格局的超越,而二元格局的超越实际上有赖于整个现代生活所孕育的生存姿态的整体超越。在这个意义上,激活乡土社会在现代性的深层意蕴,从而内在地扩展现代性之中的功用化的生存姿态,拓展现代性本身的内涵,从而善导为物质与技术藩篱所遮蔽的现代人的生存姿态,乃是事关现代性健全发展的重要内容。

严格说来,逃离与回归乃是同时存在于当下每个人生命意识之中的基本生命姿态,这实际上是置身现代性中的我们内在生命的断裂与冲撞的表征。所不同的是,有些人更表现出对乡土的逃离,置身乡土找不到生命的意义;有些人则能在心中守住乡土之根,从乡土社会之中找到自我生命滋养的可能性,依然能保持乡土作为生命的真实之"根"。生命是需要整体滋养的,现代性并不意味着截断我们与乡土社会的根本性联系。乡土社会不仅仅是作为现代社会的基础,同样是作为个体精神滋养的根基。

不仅如此,费孝通先生早在1947年出版的《乡土中国》中就开宗明义地说:"从基层上看去,中国社会是乡土性的。我说中国社会的基层是乡土性的,那是因为我考虑到从这基层上曾长出一层比较上和乡土基层不完全相同的社会,而且在近百年来更在东西方接触边缘上发生了一种很特殊的社会。这些社会的特性我们暂时不提,将来再说。我们不妨先集中注意那些被称为土头土脑的乡下人。他们才是中国社会的基层。"[1] 从历史而言,自不必说,我们是一个几千年被农业文明主宰的社会;就当下的社会发展态势而言,我们正

---

[1]　费孝通:《乡土中国　生育制度》,北京大学出版社,1998年,第6页。

在逐渐告别农业文明而进入工业文明的时代，但由农业、农村、农民构成的所谓"三农问题"依然是当下中国社会的重中之重，其数量依然占据着绝对优势。正因为如此，如果单从历史以及当下中国社会的外在形式结构而言，"乡土中国"可以说是非常准确地概括了中国社会的基本形态。不管怎样，"乡土中国"对于当下而言，依然是中国社会不可或缺的基本内涵。正因为如此，我们除了在工业化、城市化的背景与框架下来认识乡村社会，还同样需要立足于"乡土中国"来重新认识乡村社会的发展与改造，重新审视几千年的农业文明的累积对于乡村社会意味着什么，对于乡村社会的发展与乡村少年的未来意味着什么。

在这个意义上，重新认识乡土社会的意义，而不仅仅是以强势与中心的姿态来审视作为弱势者、补充者的乡土社会，不仅仅是将其视为中国社会迈向现代化的阻碍——尽管这种阻碍必然存在——其间的意义就显得十分重要。在这里，乡土社会必须是作为以城市文明为中心的现代性结构的有机的、不可或缺的内涵，甚至是永远的基础与背景，来作为提升现代性品格，善导当下人生存的重要向度；同时也是作为中国人独特生命样式的基本背景与内在结构，从而为中华民族立足于世界民族之林显现自身的独特意蕴提供重要的支持。这意味着充分激活乡土社会的文化想象，从而激活乡土社会在当下人的生命结构中的不可替代的内在意义，而不仅仅是作为在功用性上处于劣势的当下生命结构中的他者而存在，这实际上是被今天沉迷于现代性的物欲狂欢之中的人们所忽视的必修课。

回到现实，就当下而言，乡村社会的整体发展与乡村教育的人文生态至少面临着以下几个根本性问题：（1）乡村文化价值在以物的现代化诉求中的整体贬值，由此而直接导致乡土文化的边缘化，传统乡村文化迅即在当下的乡村生活中随着年长者的逐渐逝去而退却；（2）由传统乡村士绅所代表的乡村知识人与村民结合构成的乡

5

村社会结构解体，稍微有点知识与素养的乡村知识人呈现出整体的对乡土的逃离，这直接导致乡村社会文化的空心化，即已经失去了乡村文化生产与传播的主体，乡村社会实质上处于一种无文化甚至反文化的放任状态；（3）社会整体文化事业的产业化与乡村对精英文化接受能力的欠缺，直接导致精英文化传播在乡村社会中的整体缺席，文化对乡村社会的渗透更多基于市场原则，而迎合村民社会当下的需要，实际上大大减小了对乡村社会文化引导的可能性。

既有的文化已经退却，优秀的文化难以进入，这必然导致乡村社会整体文化的虚空。作为乡村社会文化坚守之地的就只剩下乡村学校了。问题在于，在这种背景下，乡村学校如何可能成为乡村社会的文化绿洲？一方面，乡村学校本身难免需要承受时下乡村文化生态的冲击，加上精英文化对乡村社会的缺席造成乡村教师对精英文化接受的可能性狭小；更重要的一面是，乡村少年备受时下乡村文化的熏染，所谓胳膊扭不过大腿，要乡村学校担当拯救乡村少年健全文化发展的使命显然要求过高。这意味着乡村教育的人文生态实际上处于"内忧外患"的不利处境，一方面自身没有了必要的文化底气来提升自我文化自信，另一方面乡村人文又在整个现代化的价值序列中失去了应有的关照，而成为落后的他者。

与此同时，更基本的问题是，如果以"回归乡土"与"逃离乡土"作为基本的价值向度，我们不难看出，当下的乡村教育设计，扩而言之，我们的整体教育设计，实际上更多地就是一种"逃离乡土"的教育设计，乡村只是作为城市文明的参照、补充，作为被城市所"观看"、俯视的对象，乡村作为前现代的"他者"而被排斥在为教育所展开的现代性想象的边缘。在这个背景下，实际上究竟还有没有乡村教育，本身就是个问题。乡村社会的教育目标乃是怎样把个体认同于单一的现代性的想象结构之中，从而把每个人从原初的乡土社会中拔出来，从而早早地截断了乡土社会滋养现代性的每个人的可能性。当然,首当其冲,就是把乡土社会之中的乡村少年同样从乡土社会中剥离出来,让他们在教育所展开的现代性想象的引导中,一点点远离自己脚下的土地,以至于生活在乡村社会,却很难把自我存在的根基扎入乡土之中,又无法进入主流社会想象之中,而更多地成为无根的存在,成为置身乡土社会之中的精神流浪者。正如钱理群先生所言:

"当人们,特别是年轻的一代,对生养、培育自己的这块土地一无所知,对其所蕴含的深厚的文化,厮守在其上的人民,在认识、情感,以至心理上产生疏离感、陌生感时,就在实际上失落了不只是物质的,更是精神的'家园'。当他们逃离土地,远走他乡与异国,就走上了永远的'心灵的不归路';即使不离乡土,也会因失去家园感而陷于生命的虚空。在我们看来,这不仅可能导致民族精神的危机,更是人自身的存在危机:一旦从养育自己的泥土中拔出,人就失去了自我存在的基本依据,成为'无根'的人。"①

正因为如此,我们是——且必须是——在双重意义上谈论乡土社会与乡村教育:其一就是直接地为乡村少年寻求置身乡土社会的精神之根,让他们把生命之根牢牢地植入乡土社会之中,从而让他们从小就能拥有健全的精神生活,而不至于使自己徘徊在现代性的门槛之外;其二就是为整个社会,为全体少年生命的发展谋求置身现代性之中的精神根基,让他们思想与精神的触角能越过现代性的圈隅,直接地让自我在与乡土社会的接壤过程中获得永不衰竭的生命底气。前者是立足于乡村社会本身来谈论乡村教育的内在发展;后者是立足于整个社会,立足于现代化本身来谈论乡村教育在整个现代性框架中的发展脉象。

---

① 钱理群:《追寻生存之根——我的退思录》,广西师范大学出版社,2005年,第152页。

| 乡土的逃离与回归：乡村教育的人文重建 |

我们需要积极引导沉迷于现代性狂欢中的年轻一代，去关心、认识脚下的土地，"去发现、认识其中深厚的地理文化与历史文化，去与祖祖辈辈耕耘于这块土地上的父老乡亲们对话，共同感受生命的快乐和痛苦，从中领悟人的生命意义与价值，并将这一切融入自己的灵魂与血肉中，成为自我生命的底蕴与存在之根：这就能为以后一生的发展，奠定一个坚实而丰厚的精神底子"。[1] 显然，这不仅仅是就乡村少年而言，而是事关当下教育中的每个人的生命品质。

对乡土的逃离乃是在功用化的注视中乡土自身价值的锁闭，与我们在现实与心灵世界中对乡土社会的远离；回归乡土则意味着重新激活乡土本身的价值，激活乡土与置身现代化围裹中的我们的精神与生命的联系，敞开我们在现实中，更是在心灵世界中亲近乡土的可能性。惟有充分激活乡土自身的永恒性价值，才可能对抗单一现代化诉求中的功用价值对乡土的遮蔽与乡土在现代化视界中的沉沦与隐匿。乡土价值的激活与显现，乃是乡村教育人文重建的逻辑起点。惟有在这个起点之上，乡村教育才可能越过现代化的藩篱找到属于自身的价值起点，从而获得重建的可能性。也正是在这里，乡村教育才获得了自身的精神之根。

由此，我们还需要从另一个视角思考乡村教育在现代教育中的意义，即乡村教育的乡村意味对于现代教育意味着什么。从这个视角出发，我们就可以重新审视乡村教育在现代教育中的位序，即乡村教育绝不仅仅是现代教育中落后的他者，乡村教育首先是作为现代教育的前身，现代教育形式原本就有着乡村社会的根基；与此同时，乡村教育又同时直接进入到现代教育的内在结构之中，促进现代教育自身目标、内容与结构的调整与完善。当然，这里的乡村教

---

[1] 钱理群：《追寻生存之根——我的退思录》，广西师范大学出版社，2005年，第152页。

育本身是一个想象中的概念，确切地说，是一种期待，是用我们理想之中的乡村教育内涵来甄定当下教育的问题，调整当下教育的走向，并不是对乡村教育实际状况的表达。我们眼下的任务，也许还只能是在激活乡村社会想象的同时，重新激活我们时代的乡村教育想象，未来的乡村教育必须也只能在我们的乡村教育人文理念的生长中逐渐生成。乡村教育的人文意蕴并不是现成乡村教育状态的描述，而是一种可能性，乡村教育首先是——也必须是——作为一种理念，乡村教育的现实走向只能在正确理念的引领下一点一点地生成。

晋宋时期诗人、辞赋家、散文家陶渊明（365—427），曾在归隐田园之时写下《归去来辞》：

"归去来兮！田园将芜胡不归？既自以心为形役，奚惆怅而独悲？悟已往之不谏，知来者之可追；实迷途其未远，觉今是而昨非。"

陶渊明对田园生活的复归，乃是对自我存在本真的一种复归。在这个意义上，陶渊明"归去来"的呼告，难道不是说给今天置身于现代性境遇中的我们听的？当然，这样说并非指涉我们可以全然从现代化的想象中脱身而回归田园之地，而是指涉，怎样在现代化的愿景之中重建我们对乡村社会的理想，使乡村社会以在场的姿态进入现代化的整体结构之中，提升乡村社会在现代化想象中的位序。同样，我们也需要在现代教育的期待中重建我们对于乡村教育的想象，提升乡村教育在整个现代教育体系中的位序，让乡村教育以在场的姿态进入到当下我们对现代教育的整体追求框架之中。正是在这个意义上，乡村教育的事情才真正成了"我们的世界"的事情，而不是作为弱势的"他们的世界"的事情。

基于上面的思考，就乡村教育的人文重建之问题与出路，我们大致可以概括如下：

| 乡土的逃离与回归：乡村教育的人文重建 |

乡村教育问题的出发点是乡土价值的激活与重建，而乡村教育问题的中心，甚至也可以说乡村社会发展的中心，则是乡村少年的健全发展与乡村社会健全生活方式的引导与培育。有了健全的孩子就有了健全的未来，相反，没有了健全的乡村少年的发展，乡村经济社会的发展乃是一种"无后"的发展，是一种极其短视的、缺少生命支撑的、没有灵魂的发展。就当前而言，乡村少年健全发展的主要问题是由乡村社会整体人文生态的失序而导致的精神缺失与整体人格发展以及生命姿态的不健全，这个问题实际上比物质的贫困更严重。

乡村教育的建设路径，就长远而言，在观念层面上，有赖于整个社会健全的现代化理念的生长生成，乡村社会合理想象的重新激活及其在现代化理念中的合理位序，以及由此而来的健全的现代教育理念的生成、乡村教育在现代教育体系中的合理位序；在实际层面，则有赖于乡村社会的整体建设，尤其是和谐乡村人文生态的建设，建设和谐乡村人文生态秩序的一个极为重要的方面，乃是逐步恢复乡村社会自身的文化保养与再生的功能，敞开乡村社会多层次的文化空间，其中一个重要的步骤就是从乡村社会走出去的知识人以各种方式——尤其是中国古代社会中的告老还乡的模式——回归乡村社会，促进乡村社会的文化孕育，发育乡村自然与乡村人文相结合的健全乡村生活方式。"新农村建设目前最重要的是改善农村的基础设施。在基础设施改善的基础上，国家有必要鼓励甚至资助大量有学养的知识分子和文武官员在退休后重返乡村，担负起培育乡村文化因子的使命。乡村的文化建设，绝不是送书下乡、送戏下乡这些表面工程能够济事的，而是需要活生生的文化人薪火相传，和农民一起重塑乡村的文化自信。"[①]

---

① 澧人：《书屋絮语》，《书屋》2006 年第 10 期。

引言　乡村教育的人文重建：起点与路径

就目前而言，乡村教育的整体发展，乡村社会人文生态的建设，乡村生活方式的引导，主要可以从两方面着手：首先是乡村文化的引导。乡村文化的引导需要从两方面切入，一是加强社会整体的文化宣传中对乡村社会的文化引导与培育，尊重既有乡村文化的价值，逐步提升、显现乡村社会的文化活力；一是适度改变乡村文化传播商业化的模式，加强乡村社会的文化支持，让优秀的图书、影像、艺术进入乡村社会。其次是乡村学校的建设。在乡村知识人逃离乡土、乡村文化主体缺席的情况下，乡村少年勉强可以依赖也必须依赖的精神绿洲，就目前来看，只能是乡村学校。在这个意义上，乡村学校的发展在整个乡村建设大战略中是至关重要的棋子，确切地说是最重要的一枚棋子。

乡村学校发展的问题当然有很多，大而言之，涉及乡村教育的培养目标、课程体系、评价体系、教学方法改革，这些问题要一下子解决非常困难，我们只能从小处着手，切实地解决乡村教育的核心与关键问题。就目前而言，乡村学校建设的核心与重点有两个：一是教师培训与新教师的引入，一是以图书资料为核心的优秀文化资源的引进。因此，一是建立长效的乡村教师补充机制，一是建立必要的阅读资源补充机制。有了好的教师，有了好的文化产品，乡村教育就有了最根本的保障。乡村文化与乡村教育乃是乡村少年健全发展的两大支柱，两个方面的建设，一个都不能少。目前，广受有关部门关注的网络资源和城市学校课程资源等现代化的教育资源对于绝大多数乡村学校而言，只能锦上添花，而非雪中送炭，眼下很难发挥到实质性的作用，给他们提供切实的阅读资源与积极的精神引领，真正开启乡村少年丰富而生动的生命世界，这才是乡村教育所真正需要的。

这样说并不意味着我们就不要关注比之于城市教育所缺少的基本教育条件与对乡村贫困学生的政策倾斜，基本条件的改善与学位的保障是重要的，而且是公民权利的实践，但却不是根本的；是必要条件，却不是充分条件；是基础性条件，却不是乡村教育自身的实践性条件。教育的根本是以文化育人，文化才是教育的内在支持，乡村教育的内在发展与提升必须上升到文化的层面。正是在这个意义上，优秀阅读资源的进入与优秀乡村教师的补充与留驻才是提升乡村教育质量的根本保障。

非常有意思的是，我的学生去浙江上虞的春晖中学实地考察，在问及春晖中学的校长时下的春晖中学是否还是乡村教育的典范之时，校长连连摇头，千万别把我们看成是乡村学校。时下的春晖中学确实是一所充分现代化的、体制化的名校，自然跟过去的具有古典意味的乡村学校脱离了干系。这其中实际上包含了我们对现代性的误读，至少，我们是以时下的标准取代了我们对现代教育的切实的思考。正是在此背景下，乡村成了一个大家都急于摆脱的符号，我们惟恐自己不够现代。乡村教育所蕴涵的古典的、人文的、乡土的意味自然就在物质的现代化以及以升学率、奥林匹克竞赛成绩等应试的体制化的对照之中，弃如敝屣。我们对于教育现代化的单向度追逐使得当下学校教育对乡村社会的内在呵护和乡村教育内在精神的生长只能是镜花水月，无迹可求。

长期的物质的窘困孕育出来的现代化想象其实就是以物质的现代化作为根底，在此背景下，乡村就成了现代化价值诉求之中落后与愚昧的象征，急于进入现代化之中的民族整体上表现出对乡土的精神逃离。我们民族的整体现代化想象之中，乡土价值其实是阙如的。正因为如此，我们对乡村社会与乡村教育的重建有赖于我们的现代化想象本身的重建。由此，我们对乡村教育的关注绝不仅仅是比照城市化教育而进行的形式化的关注，而必须深入到现代化、现代教育的内在基础，反思现代化与现代教育的根本质素，重建我们对于乡村社会与乡村教育的想象，激活乡村社会与乡村教育的内在基础，一点点地激活乡村社会与乡村教育的灵魂，同时也激活我们每个人与乡村社会、乡村教育的内在精神性联系。惟有当我们与整个乡村社会、乡村教育建立了内在的生命性联系，乡村教育才可能真正走上自觉的生长之路。

我们目前关注乡村教育，首要的问题还是如何更深入地阐明乡村教育本身的问题。对乡村教育问题的简单归纳，可能导致真正的问题被遮蔽，隐而不现，这对于乡村教育的健康发展贻害无穷。问题的分析本身就包含着问题的解决之道，我们对乡村教育问题的把握直接影响着我们如何着力发展与改善乡村教育的方向。那么，我们扪心自问，我们真的把握住乡村教育的问题了么？我们在何种程度上真正接近了乡村教育本身？

乡村教育的问题与出路：
城市取向的乡村教育何以超越

在以城市化、工业化为核心的现代化追求进程中，城市成为现代化的先导与主体，农村被动地跟随其后，20世纪50—70年代遗留下来的"城乡分割、对立矛盾的二元体制"[①] 更人为加重了城乡二元割离，城乡普遍地被人们解读为富/贫、先进/落后、文明/野蛮、现代/传统二元价值对立模式，传统乡村文明已然被排斥于"现代文明"的视野之外。到今天，应该说农村的面貌有了不同程度的改观（改观得较好的，多是把乡村变成了城市化或近城市化的模式），但城乡差别依然客观存在，并且有不同程度的扩大趋势。当城市文明中的人热衷于互联网、知识经济、麦当劳与肯德基、时尚与高雅之际，农村中还有人为衣食、为入学、为基本的生存担忧，这就是事实。正因为如此，人们对城乡的二元解读并未有实质性变化。我们当今对乡村教育的关注乃至扶助在很大程度上也是基于此二元解读之上，作为乡村教育的"他者"的我们，更多地是以一种俯视的姿

---

① 温铁军：《"三农问题"：世纪末的反思》，《读书》1999年第12期。

乡村教育的问题与出路：城市取向的乡村教育何以超越

态来关注乡村教育。

在此，至少有两个基本问题仍被遗忘、被忽视：其一，读书对乡村儿童究竟意味着什么？换言之，他们究竟从读书中获得了什么？对于其中一小部分人而言，意味着升学、上大学，从"他们的世界"中走出来。可一个不容忽视的事实是，来自弱势群体，特别是来自贫困乡村的大学生，由于起点的不同和整体素养的差异，他们进大学、乃至大学毕业后参与社会竞争的机会同样是不平等的，他们往往要付出更多的努力才可能赢得与别的同学同样的机会，就如同他们当初付出了比城市学生更多的努力，甚或是根本就谈不上全面发展的可能而赢得上大学的机会一样。与来自强势群体的大学生相比，他们所共有的不过是一纸"学历资本"，而在综合教养、"社会关系资本"等作为参与社会竞争的重要砝码上面，他们便相形见绌，故"即使他们侥幸进入高等学府，大多也是选择与自己家庭的文化有'亲缘'关系的专业、学科，将来从事的职业的社会地位、收入大多低于前者"。[①] 其二，我们是否应该关注乡村世界中原本就拥有的东西，我们的关注方式是否客观上造成了他们对"他们的世界"中的原本有价值的教育资源的遗弃与背离？我们是否应该努力发掘"他们的世界"中的教育资源，让他们甄别其优劣，并且充分认识、珍视、利用他们自身的优势教育资源，来弥补他们的劣势，而不仅仅是向"我们的世界"中的优势看齐？当乡村教育问题被缩减为硬件设施的改造与读书机会的保障时，我们应有的对乡村教育问题的整体思考与深层把握便被遮蔽。实际上，我们对乡村教育的关注大多是以默认现行教育模式与基本教育政策为前提的。对于一个以"三农"（农村、农业、农民）为主要成分的国家来说，没有富于特色的合宜的乡村教育模式及相关政策倾斜，应该不只是一种遗憾。

---

① 孙传钊：《隐蔽的遗产》，《读书》2001年第9期。

| 乡土的逃离与回归：乡村教育的人文重建 |

我国地域广，地区差异、城乡差异大，而我们长期奉行整齐划一的思维模式，事实上造成我们在教育取向上的单一化，由于教育的话语权、决策权集中在城市阶层，更潜在地使得我们的教育政策与主流教育话语更多地带有"城市取向"。"希望工程"本身就是一个隐含着"城市取向"的话语模本，就大多数城市学校而言，或多或少，经常可以得到各种教育资助、政府额外投入，但从来就没有人把这看成是"希望工程"，而是被看成分内的、理所当然的，因为这个世界是"我们"自己的"世界"。而贫困乡村能得到远远少于城市学校的有限的资助却被冠以"希望工程"的神圣名义，因为这个世界不是"我们的世界"，而是"他们的世界"，说白了，这里的教育并不是"我们"自己的教育。"近水楼台先得月"，"城市的世界"率先成为我们的教育思考与决策的基础与背景。我们更多的是在"我们的世界"中构造"我们的世界"的教育蓝图，以此来比照"他们的世界"，看看那里缺少了什么，或者以"我们的世界"中的教育问题毫不反思地类推于彼，然后再把我们的理想设计与改造推及于彼。这几年来，沸沸扬扬的素质教育、"减负"，乃至现今的热点"创新教育"等主流教育话语，更多的是代表了城市教育的呼声，并不能真正代表广大乡村教育的声音，尽管乡村教育确也存在、甚至更突出地存在此类问题，但在我们的事实上带有明显"城市取向"的教育设计面前，乡村教育除了以更多的努力沿着我们的设计往上攀爬之外，还能做些什么呢？我们究竟在何种程度上敏锐地触及了那些身处社会最底层的人们的生存状况呢？"城市知识人总在抱怨中、小学生负担太重，教学太单调，高考试题太死板，这在知识人与城市的语境中是绝对有道理的；但在乡村语境中还同时存在着另外的道理。很少有乡村地方的学生与家长抱怨学习负担重，须知乡村学生要考到与城市学生相同的分数是要付出更大的辛劳的，而且大城市学生的高考录取分数线比乡村地方的学生要低，也就是说乡

16

村学生要想上大学实际上要比大城市学生的考分高,那负担就可想而知了,但他们并不抱怨学习负担……所谓的'全面发展'对他们来说乃是不折不扣的奢侈。"① 因为这几乎是乡村少年走出"他们的世界"的唯一的道路。我是农民的儿子,从小父母就是这样教我,我现在的父老乡亲还是这样一次次地教育着他们的儿女。

实际上,当我们在让乡村接受我们设计的、他们并无多少选择余地的教育模式的同时,我们也把"城市取向"的价值预设渗透其中,使之成为乡村教育的主导性价值取向与价值目标。乡村儿童在教育中能更多地感受到的乃是来自另一个世界的强势价值预设,"知识就是力量"(忽视乡村生活中长期积累起来的淳朴的生活经验和智慧)、"成才"(以"我们的世界"为参照系的有用之"才")、"大事业"(不同于"他们的世界"中的"平庸"的"劳作")等等,这些在乡村教育中被有意无意渲染的强势价值目标,又有意无意地构成了对"他们的世界"的价值湮灭,或者在比照中沦为低层级的价值特性,从而使其中的个体自觉不自觉地对此预设作出不容置疑的价值认同和价值企望。在这种教育模式中,他们有意无意地放弃——也不得不放弃"他们的世界"中潜在的价值特质。"我们的世界"中的优势和劣势成为他们的目标与摹本,而"他们的世界"中的劣势和优势则实际上都成了低层级价值劣势,被置于我们对他们的预设之外。

乡村地域文化中长期积淀而形成的地域、民俗文化传统,以及乡村生活现实中原本就存在着许多合理的文化因素,有着对于乡村生活以及乡村生活秩序建构弥足珍贵的价值成分。换言之,乡村地域文化中原本就潜藏着丰富的教育资源。传统的乡村教育体系正包

---

① 李书磊:《村落中的"国家"——文化变迁中的乡村学校》,浙江人民出版社,1999年。

| 乡土的逃离与回归：乡村教育的人文重建 |

含着以书本知识为核心的外来文化与以民间故事为基本内容的民俗地域文化的有机结合，外来文化的横向渗透与民俗地域文化的纵向传承相结合，学校正规教育与自然野趣之习染相结合，专门训练与口耳相授相结合，知识的启蒙与乡村情感的孕育相结合，前者的不足可以在一定程度上通过后者来弥补。当外来文化与乡村文化相对平衡时，两者能和谐地作用于个体，使其既成为外来文化的受者，又能成为本土文化价值的继承与阐扬者，本土文化价值能有效地活化彰显于他们身上，成为他们成长的重要因素。当外来文化价值渲染日渐强势，而完全盖过乃至淹没本土文化价值视野时，本土文化价值不再能有效地活化并彰显于他们身上，而成为排斥的对象，或者在价值甄别的劣势中内化为他们的自卑情结。他们在乡村教育中，以不同的心态企望着另一个世界。这样的结果是，他们身在"他们的世界"之中，自觉不自觉地背离于"他们的世界"，这意味着他们所接受的并不切合于他们的全面发展的教育的过程，实际上是他们为了达成强势价值目标而不得不经受的苦役，这或许是尽管事实上乡村教育存在着比城市教育更多的问题，比如应试中心、负担重，

这种不合理性却被乡村师生、家长普遍合理化的根本原因。

我们的乡村教育模式表面上看对每个乡村儿童都是开放的，每个人升学乃至上大学的机会均等，但由于先天素质、家庭环境、教育条件、大学规模等多方面的限制，个人把握这种机会的可能性不可能均等。这意味着这种教育模式实质上先在性地预设了其中的大部分是迟早要被淘汰出局的。显然，对于这大部分人而言，由于升学目标的渺茫，他们在此教育中应有更广的切合于他们的生存现实的价值目标和理想追求，而且教育应该充分尊重且努力培育其广泛的价值目标与理想追求，使他们在力所能及的范围内更好地发展，从而使他们真正把握受教育的机会，真正接受了对于他们的教育。但现实乡村教育中单一的价值预设模式恰恰先在性地排斥了其中的大量儿童，他们在这种教育中是无望的，他们是弱势群体中的"弱势"。他们在这种教育中得到了什么？当然在一定程度上他们也得到了知识技能的训练和眼界的开阔，但他们同样也在很大程度上得到了身在其中的失败和无望的被排斥（这或许是当今厌学情绪大量存在的根本原因之所在）。究其实质而言，我们目前乡村教育模式是精英趋向的，而非平民关怀的，是形式的机会均等，而缺少实质性的机会均等。我们强调九年制义务教育，却并没有实实在在地去考查这种教育对乡村儿童的一生究竟意味着什么。如果一个人多读或少读一年书对于他而言并无多大影响，那么那些家境尚贫的乡村少年何必要花几百上千元去多读一年呢？义务教育受法律保障，乡村儿童应该且必须去接受它，但法律不可能保障这种教育之于乡村儿童的意义，不能保障这种教育对于他们而言就是良好的教育。

由此看来，目前乡村教育的问题直接表现为教育机会的充分保障和义务教育的普遍实施，在国家、地方政府和农民家庭的教育成本分担中达成合宜的比例，确保乡村教育的有效投入，但更深层的基本的问题则是合宜的乡村教育模式的建构，在尽可能给予乡村少年同等升学机会的同时，也让他们特别是那些上不了大学的乡村孩子更多地受到对于他们而言（最）好的教育。我们关注乡村教育，不仅需要给他们提供更多的教育资源配置，还有一个同样重要的问题，即如何真正使他们真实拥有的教育资源发挥最好的教育效用。这需要制度和政策的倾斜，就目前而言，这是一个尚待启动的系统工程。

显然，关注乡村教育并不止是关注单纯的资源输入，它更需要我们直面乡村教育的现实，去做深层的探问。当前，我们至少应从以下几方面来增进我们的思考。其一，在对我国教育整体把握、全局关照的同时，审思乡村教育应有的特质。20世纪20—30年代的乡村教育运动曾经触及于此，"教育宜视社会生活以立方针，有定论矣……吾国方盛倡普及教育，苟诚欲普及也，学校十之八九当属于乡村；即其所设施之八九，当为适于乡村生活之教育"。在此，黄炎培先生的着眼点有两个，一是乡村教育的普及，二是乡村教育之于乡村生活的意义。虽然他们所设定的解决乡村教育问题的办法有些偏颇，不宜于今日，但他们所提出的问题其意义是鲜明的："夫苟大多数受教育者之所需，明明其在彼，而施教育者之所与，乃斤斤乎在此，供求不相应；使夫受教育者无以增益生活能力，害犹小，使夫受教育者尽弃其学，而学因以减缩其固有之生活能力，害不更大耶？"乡村教育的独特性问题是中国教育现代化进程中所面临的但至今还远未深层触及的问题，当我们把乡村教育的问题集中于教育的普及，另外一个便遭遗弃。其二，在把握城市教育的优势和问题的同时，积极探寻乡村教育的劣势和优势，并且尽可能多地尊重并彰显其优势，让乡村少年能更多地且乐于去感受、发现、利用乡村世界的独特教育资源，而不是单纯隅于我们所设计的各种知识、技能训练之中。其三，在目标统一而又充分考虑乡村教育特质的基础上去进行教育的设计规划，制订相应的政策。尽管乡村教育运动的意义不能被过高估计，但他们的意图仍值得借鉴与深思：针对乡村现实问题（黄炎培），关注乡村文化秩序的建设（梁漱溟），力图增进乡村生活的改善，建设适于乡村生活的教育方式方法（陶行知）。其四，关注乡村文化建设。乡村文化建设的问题在当代中国应该说也同样是一个尚未深入触及的基本问题，当然它并不是乡村学校教育所能解决的，但至少我们应有两方面的思考，一是乡村文化之于乡村教育的影响与作用如何，二是乡村教育之于乡村文化建设的意义又何在？

当我们重新提出乡村教育独特性的时候，绝不意味着我们的乡村教育意在使乡村儿童局限于乡村生活，他们理当享有更广阔的生活世界，但我们对乡村教育的预设应在更基本的层面去关照他们的生活境遇之中的生存方式的改善和生活幸福的实现，使他们既可能享有进入更高级教育的机会，又使那些没有此机会的孩子能在他们的人生中享受一段对于他们而言良好的教育。也许，该是我们认真思考乡村教育问题的时候了。我们应该放弃那种先在性的简单的二元价值预设（这并不是说漠视城乡差异），放弃那种居高临下地俯视的姿态，尽可能地消除作为说话者与乡村世界的隔阂，把乡村教育的问题同等地纳入我们的教育的"视界"中来，纳入到"我们的世界"中来，去更切实地关注、倾听、理解那个世界的教育处境与教育要求，以那个世界作为我们论说其教育问题的基础与背景，在"面向世界、面向现代化、面向未来"的同时也面向乡村生活事实，真实地表达乡村世界的教育理想与期望。惟有这样，我们的话语才可能真正成为那个世界的教育话语，我们的言说才可能是有"根"的言说。

附录1：

就乡村教育问题答晓燕女士

刘博士：

您好！

仔细看阅了您的几篇文章，让我对"教育学"的一些知识有了了解，对于常挂在嘴边的一些词有了另一个"视角"的体味，非常感谢！

现在，我还是想请您就"乡村教育"的话题再谈一下。如有可能，我想做成一篇访谈。

1. 自卑，也许是那些从乡村走出来的孩子曾有过的一种情绪，同样的教育，在城市孩子与农村孩子身上竟有如此显现，对我们的乡村教育而言，这意味着什么？

2. 当我们谈到乡村教育的时候，往往会有一种怜悯的情绪在里边。我注意到，您却在这里看到了那些被忽略甚至无意中消解了的一些优势。请您阐述一下。

3. 而这些，有普遍价值吗？

4. 在一定程度上，我们对乡村教育的关注，更多地是指向对硬件设施的投入，向城市教育模式的学习，读书机会的保障。当然仅有这些，是远远不够的。那么，您认为对待乡村教育应有的姿态是什么？

5. 当前，最需要做的是什么？

如果有您认为较重要的问题，需要表达出来，您可以附加上去。

祝您节日快乐！

光明日报　靳晓燕
2002年3月

晓燕女士：

你的问题十分重要，也十分棘手。我还是按你的问题次序来回答。

1. 关于自卑。当然，造成自卑的因素有多种多样，城里长大的学生也会有自卑的那种。而且我也并没有一个建立在统计数据之上的更科学一点的结论，但根据我平常的观察，确实可以明显地感觉到来自不同群体的学生，他们的心理特征存在着明显的差异。比之于来自相对宽裕的城市家庭的学生而言，那些来自农村贫困家庭的大学生，他们对大学生活环境的适应性相对较为欠缺，他们的长处在于更懂得发奋读书，但与此同时在其他方面，比如社会交往、社会活动能力等，他们往往更多地表现得稍逊一筹，不少来自边远地区的学生常常会显出几分木讷；他们的生活经历和生活背景往往使得他们生活的压力更重，更显成熟；更能吃苦的同时，他们的大学生活往往略显沉重。

对于乡村教育而言，在没有充分建立更趋公平的教育竞争机制的条件下，升学的教育不可避免地应置于重要的甚至就是首要的地位，不管我们怎样地强调素质教育。但与此同时，我们也应尽可能多地强调培育学生积极健康的心态，扩大他们的生活空间和生活视野，增进他们的交流机会，多方面地提高他们的综合素养。当然，还有十分重要的一条，那就是培养他们积极的价值观和开阔的价值视野，让他们能以积极的眼光来看待他们"生活的世界"，特别地，在今天，在社会的生存空间越来越大的时候，教育对他们的更广泛一点的价值引导显得尤为重要。

2. 我为什么提出要关注乡村教育中本有的文化、教育资源，这里的原因有几个。其一，我越来越多地感觉到我们的民间文化资源、民间教育传统会逐渐地断流而至于枯竭、消失。社会的文化发展会

| 乡土的逃离与回归：乡村教育的人文重建 |

越来越多地成为少数人的创造，文化发展的民间资源日渐断裂。在此意义上，让乡村教育关注民间文化资源，正是要想尽可能地接续民间文化的传统，同时弥补正规教育资源中的不足。其二，文化的多样化乃是文化发展的基本趋向，这其中就必然包括城市文化、乡土文化的并存与发展，显然，对于乡村教育而言，保存与发展乡村文化应是其内涵之一。其三，就个体而言，民间作为乡村个体生存的基本空间，其中所蕴涵的丰富的民间教育资源对于个体性情、人格的广泛陶冶有着外来规范文化体系无法替代的作用。其四是来源于我的个人经历，我觉得自己正是因为少年时吸收了不少的乡村文化熏染而使自己心灵的发展没有变得单调乏味，在保持一分质朴的同时也拥有了一分丰富。我感觉我的内在情怀并不全是书本知识教给我的，其中有很大一部分正是乡村生活教给我的。

我的在复旦读博士的朋友对我的想法有些看法，我的文章中这样写道："传统的乡村教育体系正包含着以书本知识为核心的外来文化与以民间故事为基本内容的民俗地域文化的有机结合，外来文化的横向渗透与民俗地域文化的长晚辈间的纵向传承相结合，学校正规教育与自然野趣之习染相结合，专门训练与口耳相授相结合，知识的启蒙与乡村情感的孕育相结合，前者的不足可以在一定程度上通过后者来补偿。"他认为我把原有的乡村教育理想化了，我是不是在削弱那引导乡村少年走出乡村世界的正规书本教育的重要性。如果我的文章给人这样一种理解，那可能是我表达不够清楚，至少我的本意绝非如此，这在前面我已提到。我只是期望，也许我们能在保证部分少年能有效应对升学机制的同时，能尽可能多地给予更多的乡村少年以适于他们生存境遇的教育。

3. 当然，乡村文化及其教育资源也是优劣并存，对于其作用不可过于理想化。特别是在今天，城市文明所代表的价值绝对性高居于乡村文明之上时，我们不可能强迫每一个乡村儿童一定要接受乡村文化的全部而排斥外来的强势城市文化,我们绝不是要固守贫穷和愚昧。但这种分野更多地是从社会功利的视角来评判和取舍,如果我们从人的心灵乃至智慧发展的视角来看,则显然乡村文化和城市文化都具有同等的价值,正是在此意义上,从乡村儿童实际的生存境遇出发,我们应该重视本土性的乡村文化资源。单就这一点而言,是有着普遍的价值与意义的。

4. 对乡村教育的关注,硬件设施的改善当然是重要的,而且是首当其冲的,当儿童上学所需的起码条件,比如校舍、学费等,都不能满足的时候,加大对乡村教育在资金、设备上的投入就是关键之所在。但事情远不是如此简单,许多儿童失学、中途辍学,并不是或者说主要不是关涉起码的教育条件的问题,而是他们感觉不到多读一两年书究竟有什么价值,还不如让孩子早点出去打工,或学点手艺,这是不少乡里人对教育的真实想法。显然,这里要涉及事关乡村教育的深层问题,即我们究竟需要什么样的乡村教育模式,既能给予他们以同等的升入高等学校教育的机会,又能让那些升学无望的人受到对于他们而言良好的教育。这是其一。其二,要想让乡村教育和城市教育站在同一条起跑线上在相当长的一段时期内都是不可能的,这意味着我们只有给予乡村教育以必要的政策、制度的倾斜,让乡村教育即使条件跟不上,但也能有效利用本土教育资源来更好地实现乡村少年健康、活泼、全面的发展,充分享受乡村教育带给他们的年少时期的快乐。其三,由于乡村教育条件、教育环境、信息资源、教育财政等的相对落后、偏低,制约着乡村教师的发展和乡村教育整体师资水平的提高,所以,对乡村教师的关注是关涉乡村教育水平提高的重要方面。

5. 目前需要做的事情有很多,提高整个社会对乡村教育问题的认识,保障乡村教育的资金投入,切实改善办学条件,稳定师资队伍,有效提高师资水平,降低教育管理中的无效耗费,理顺各级教育管理关系，使有一分钱能办一分教育，确保有限资金的充分利用。我们的教育管理模式基本上是沿袭计划经济时代的运作模式，从教育管理、教学研究，到仪器配备，都是上级部门统一安排，下面学校没有任何自主权，往往导致学校急需的东西要不到，并不需要的东西赖着你要，造成本来短缺的教育经费的浪费。这些问题应该说都是当前比较迫切的问题，当然，从长远观之，要紧的问题还有很多，包括教育政策、升学制度、教育内容、管理模式、师资培训等方面，都需要我们从实际出发，逐步完善，努力缩小城乡教育的差距。

就目前而言，建立一种城乡沟通的教育机制不失为一种可行的办法。加强城乡学校之间的对口交流，包括师资、学生、教学信息、管理经验等方面的互动；扶持农村教师到城市学校学习培训，鼓励城市教师到农村学校短期教学；建立大学毕业生农村支教制度，鼓励大学生热心农村教育事业。这对城市学校及其教师都不会有太大的负担，只要有政策的鼓励和扶持，应该说来是具有一定的可行性的。

以上所谈，仅为个人初步想法，不足为训。谢谢。

感谢你对乡村教育问题的关注。

刘铁芳
2002 年 4 月

附录2：
建立乡村支教体系的一点想法

记得小时候，我们那里很穷，老听乡亲们说起，邻边学校里的某某老师，知识分子，是什么大学毕业的，戴着眼镜，每天还刷牙。大家议论的好像是一位叫陈清和的老师，记不清是哪个名牌大学毕业的，下放在我们乡中学教书。在乡亲们心中，是一个猜不完的迷，大家对他挺崇拜的。

六七十年代的知识青年下乡，无意中给农村教育带来了短暂的辉煌，在那个特殊年代、特殊的教育情景中，让部分乡村少年感受到了一种颇具新鲜的良好教育的滋味。一个人在年少时期，能有一段刻骨铭心的教育经历，哪怕是极为短暂的时光，对于一个人的内心世界而言，应该说跟那种从未有过美好教育经历的个人总会有某种不同，这种不同，可能影响一生。柳青在《创业史》中曾写到，"人生的道路虽然漫长，但关键的时候往往就是几步。"年少的时候那几步，恰恰是最容易成为人的一生的关键的几步。这样说来，怎样让乡村少年在关键时期，能够享有某种更优秀的教育经验，对于他们一生的发展，也许是十分重要的。

当然，我们这样说，绝不意味着从农村教育的视角来美化那段畸形的历史，但它却可以提示我们如何更深入地关注农村教育的问题。我们关切的问题是，在今天，在社会越来越多地关注农村，关注农村教育问题的时候，我们究竟应该关注些什么？毫无疑问，首要的问题是，让每个孩子都有书可读；对于有书可读的乡村教育而言，我们所要关注的是，是否还应让他们受到更好一点的教育呢？我们现在更注重的是硬件设施的投入。可是，好的硬件设施，并不构成好的教育。在投入硬件的同时，以合宜的方式投入优秀的人力资源，也许是更关键之所在。

| 乡土的逃离与回归：乡村教育的人文重建 |

就目前而言，要在短期内实现农村教育师资条件的根本好转是不可能的，但我们通过适当的方式建立支教体系，实行城乡教师资源的有效沟通，建立双向联系，让城镇学校给乡村学校教师的培训提高提供机会；建立新任教师，甚至包括更广泛一点的大学毕业生，还可以涵括各种志愿者，支教帮教的体系，国家给这些教师提供尽可能的帮助和条件，鼓励他们以适当的方式，适当的时间段，深入农村一线，扶持乡村教育。北京的不少大学生志愿者对民工学校的帮助支持，就是一个良好的尝试。

我们的支教，可以是一个月，半年，一年，或者更长一点；教学形式也可以多种多样，甚至对于贫困乡村的孩子而言，即使不系统地上一门课，只要更多地跟学生接触，也是一种可贵的教育经历。短期的支教，对于支教者而言，并不会构成很大损失，还可以给自我人生增加一份乡土经验。但对于乡村孩子来说，则可能成为一段非常有意义的经历，成为他们重要的精神生活资源，凭借与外来教师短暂的相遇，打开他们通向外面世界的另一扇门扉，甚至可能成为他们人生的转折点。

补记：

本文写于 2001 年初，发表在 2001 年 12 月的《读书》。时间过去了 7 个年头，乡村教育的重要性已经逐步凸现出来，但乡村教育的基本境遇并没有实质性的转变。尽管课程改革轰轰烈烈，生活性、实践性被高度重视，但实际上在目前教育体制与乡村社会发展整体状况之下，乡村本土知识与经验不可能真正融入乡村教育体系之中，成为乡村少年置身乡村学校中健全发展的有效因素，乡村教育在价值上的劣势没有任何实质性的改变，反而进一步扩大，乡村教育"名存"而"实亡"的格局有待深入关注。乡村教育的重建只有在重建乡土本身的价值的基础上才真正得以可能。

乡村的终结与乡村教育的文化缺失

每次回乡，都会有心灵的触动。一到家，总会听到若干村里的消息，和我同年的邻居媳妇因为肾病没及时医治转变成尿毒症更没钱治疗而去世；对门四十多岁的后生得了鼻咽癌；隔壁堂兄去福建开小餐馆赔了本；哪个人家买码（即地下六合彩）赚了几十万，哪家人买码穷得一塌糊涂；村里的几个快 90 岁的老人日子过得都不好，尽管子孙不少；哪个孩子今年考上了大学；还有诸如哪家的女孩又出去卖淫；哪家有人挖矿井断臂伤腿。站在那片熟悉而陌生的土地上，我静静环顾，突然感觉，我的乡村其实与这个社会的宏大主题并没有直接的关系，她依然在时间与历史的长河中静静地躺着，生老病死，似乎跟外在的世界并没有多大的关系。这就是我的乡村，这就是我们的乡村，这就是中西部地区大多数乡村的真实面目。一只南美洲亚马孙河流域热带雨林中的蝴蝶，偶尔扇动几下翅膀，可能两周后在美国得克萨斯引起一场龙卷风。面对乡村社会，"蝴蝶效应"其实许多时候不过只是知识人的浪漫想象与理论虚构。

乡村社会的边缘化与乡村文化的虚化

在通往现代化的路途之中，乡村社会完全处于劣势和被动的地位。为作为现代化代表的城市的繁荣，乡村社会贡献了自己最优秀的智力支援，最强壮的劳动力，甚至包括青春也献给了城市的享乐。他们获得了什么？他们获得的只是生存与温饱之间的挣扎。在与城市现代化被动接轨的过程中，乡村的被动与劣势实际上是在一步步扩大。正因为如此，在整个社会现代化的过程中，乡村不可避免地边缘化。这种局面的直接表现当然是经济发展的边缘化，即农村社会的经济形式继续充当城市的补充，以供应廉价劳动力与农产品为主导。乡村社会以向城市靠拢的方式，走向发展与富裕，这本身是无可非议的，是乡村社会发展的必然路径。关键的问题在于，在一个经济发展主宰一切的社会里，经济发展的边缘化必然导致文化的边缘化，导致乡村文化本身的虚化，这在今天实际上已越来越成了一个隐在的、却可以说是危机重重的、事关乡村社会生存命脉的大问题，如果我们认为乡村社会的发展不仅仅是经济的发展，而是整体文化与文明的发展。

当求富裕成为乡村人压倒一切的生活目标，经济成为乡村生活中的强势话语，乡村社会由玛格丽特·米德所言的以年长者为主导的前喻文化迅速向以年轻人为主导的后喻文化过渡，年长者在乡村文化秩序中迅速边缘化，年轻人外出打工挣钱，见识和经济上的优势使得他们之中的成功者一跃而成为乡村社会中举足轻重的人物，恰恰乡村社会的成功典范们由于更多地远离乡村生活，对于当下的乡村文化生活秩序而言，他们处于一种不在场的状态，不足以积极介入乡村文化秩序的积极建设之中，而传统乡村文化的代表——那些年长者则完全沦为乡村社会的边缘人物，乡村本土文化秩序处于迅速瓦解之中。更为关键的是乡村文化价值体系的解体，利益的驱动几乎淹没一切传统乡村社会文化价值,而成为乡村社会的最高主宰。乡村实际上在今天已不再是一个文化概念,而更多地是一个地域(相对于城市)、经济(相对于经济发达)的概念,乡村逐步沦为文化的荒漠。乡村生活已逐渐失去了自己独到的文化精神的内涵,赌博、买码、暴力犯罪,这在很大程度上都是乡村社会文化精神缺失的表征。

乡村社会在改革开放、走向现代的过程中,完全是属于被动的位置,乡村社会的文化内涵在以发展为中心的现代化框架中隐匿。以城市取向为中心的外来文化的冲击使得原来的乡村文化秩序土崩瓦解。民歌、民间故事、民间曲艺逐渐从乡村消失,乃至绝迹,代际之间的乡村文化交流已经完全让位于对以金钱为中心的拜物教文化的崇拜,年夜饭也基本成了春节联欢晚会的点缀。乡村社会的独特性已经或者正在全然丧失,完全沦为城市文明的附庸。乡村其实越来越多地成了一个地域的概念,成了一个没有实质内涵,或者说缺少文化内涵的空洞符号,作为文化—生命内涵的乡村已经死亡,乡村社会成为文化的看客,不再具有自我文化生长与更新的能力与机制。

乡村文化的解体与乡村少年精神的荒漠化

回想自己,我生长在湘中地区一个偏远的小山村,构成童年生命的重要内涵的,一是乡村伙伴与山野小溪、鸡犬牛羊之间自然活泼的嬉戏交流,一是老人与年长者在田间劳动之余讲述的民间故事,包括村里稍微多读了一点书的成人讲给孩提时的我们听的三国、水浒、西游记的故事,还有逢年过节时灯笼、舞狮等各种民间文艺活动,还有一场场跑几个地方反复观看的露天电影等。不难看出,构成乡村文化整体的,一是乡村独特的自然生态景观;一是建立在这种生态之上的村民们自然的劳作与生存方式;一是相对稳定的乡村

| 乡土的逃离与回归：乡村教育的人文重建 |

我少年时无数次蹚过的小河早已破落不堪

生活之间的不断孕育、传递的民间故事、文化与情感的交流融合。正是在这种有着某种天人合一旨趣的文化生态之中，乡村表现出自然、淳朴而独到的文化品格。乡村少年身心沉浸其中，尽管生活条件艰苦，但却能在与自然的和谐相处中感受自然的美好，在参与村民自然劳作、与长者的故事交流以及多样的乡村民俗文化中感受乡村温暖的情怀，在田间地头乡村知识人的文化传播中获得心智的启蒙。正是乡村独到的文化寄予乡村少年生命以真实的乡村蕴涵。我这样描述童年的乡村并无意于给贫困时代的乡村涂抹亮色，而是实实在在地分析乡村文化的构成，以及这种文化对乡村少年成长的影响。

乡村文化的边缘化，乡村自身文化生态的破坏，直接导致乡村少年对自身周遭文化的冷漠，他们生存其中的土壤不足以带给他们生存的自信，从而无法给他们的生命以良好的情感呵护，使得他们不再把目光系于乡间，他们与生养他们的乡村自然同样失去了过去时代的那份亲近与美好，乡间已经逐渐地不再像逝去的时代那样成为人们童年的乐土。乡村作为文化存在的虚化直接导致乡村少年成长中本土资源的缺失，他们是地地道道地"生活在别处"。乡村少年与本土亲近性的缺失，使得乡村少年不再是文化意义上的乡村少年，他们中有许多人变得看不起乡土，看不起劳动，但他们又无所适从，他们同样不是城市文化意义上的少年，他们因此成了一种在文化精神上无根的存在，成了文化的荒漠中人。既有的乡村文化处于解体之中，而新的适合农村儿童健康发展的合宜文化秩序又尚待建设，他们内在精神的贫乏就成为不可避免的大势。除开其中天资较好的少数，能通过应试的成功而获得心理上的肯定，大量的乡村少年在无根的文化处境中表现出明显的生存的无奈与自卑。

社会需要文化的支撑，教育更加如此。一种教育必须需要相应文化背景的全面滋养，需要本土文化的悉心呵护，那才是全方位滋养一个人的精神生命、发育人生各种细微情感的沃土。乡村儿童不仅仅生活在教师、课堂、书本所构成的知识生活之中，而且同时生活在乡村社会生活秩序与乡村文化底蕴无时无刻的渗透之中。电视传媒以及各种以城市为中心的外来文化价值的渗透对原来乡村文化价值生活秩序的冲击，中年父母在乡村儿童成长过程中的缺席，乡村文化精神的整体失落，必然导致乡村儿童精神生活的贫乏。加上乡村教育本身的落后，根本不足以积极应对、消解这种贫乏，这样的结果便是乡村儿童精神生活本身的荒漠化。大量的乡村少年不爱读书，厌恶读书，对读书失去了一份美好的情感。这其中绝不仅仅是一个读书的问题，也不仅仅是个别孩子因为家庭或者智力原因不爱读书，而是涉及乡村少年生命存在的根基的问题。说得严重一点，他们生存的精神根基正在动摇，或者说早已动摇。

湖南师大几个本科学生曾就乡村普遍存在的留守儿童进行了深入的调查访谈，他们的调查报告获得了全国大学生挑战杯科技竞赛一等奖。他们在调查中发现，很大一部分留守儿童沉溺于网络、游戏、色情影视和图书，打架斗殴乃是寻常小事。相当多的留守儿童经常逃学，到外面闲逛，沉溺于网吧与电游，甚至与社会不良青年厮混在一块，追求所谓的刺激，以至于抢劫、偷窃等行为也时有发生。面对这种情况，老师既痛心又无奈，学校对此一筹莫展。他们认为，反正父母不在家，怎么处置都行，读书和不读书，本质上没什么区别，反正迟早要出去打工，而且亲戚邻居某某、某某，初中都没毕业，还不是一样的挣大钱，一样的过潇洒生活。在他们的身上，我们真的很难看出文化的影子，他们就像精神上无根的人，就像漂浮的影子，在乡村社会的时间与空间里游荡。

乡村文化的荒漠化对于处于经济弱势地位的乡村社会而言，确实有其必然性和毋庸置疑的合理性，但这对于乡村儿童精神与人格发展而言，这却可能是无法挽回的伤害，甚至极端一点可以这样说，我们是在用牺牲整个一代乡村儿童幸福童年的代价来赢得乡村社会的经济发展。幸耶，抑或不幸，这难道不是一个亟待关注的问题？对于我们今天而言，关注乡村文化秩序的建构，绝不仅仅是简单的繁荣乡村文化的问题，更是一个事关亿万乡村少年健康发展的重要问题。

重建乡村文化的尊严

2006年初，上海大学王晓明在由上海高校"都市文化E-研究院"组织的"城市化进程中的乡村文化危机"学术研讨会上提出：相对于物质生活的质量低下，乡村所具有的悠久历史传统和本土气息的文化形态更是匮乏得近乎荡然无存,城市商品社会制造出来的流行文化、不切农村实际的生活方式和价值观却已经渗透到农村的每一个角落,这既体现在乡村教育的自觉追求中,也反映在青年农民的生活细节上。文化的核心与实质乃是一种生存方式。传统乡村文化之为一种独特的文化韵味,正在于其中所蕴涵的泥土般的厚重、自然、淳朴而又不乏温情的生存姿态。乡村文化的解体,其核心正在于传统乡村生活方式的土崩瓦解。乡村文化的虚化直接导致村民原子化生存与民间社会的解体,失去了既有文化的内在聚合力,乡村实际上越来越成为一盘散沙,利益成为彼此联系的压倒一切的纽带,金钱许多时候甚至可以轻易地盖过亲情,敬老爱幼这一乡村社会的基本美德也在许多时候轻易地被弃如敝屣。

我老家的村里有位快九十岁的老婆婆听说被媳妇推倒摔断了腿,又撮瞎了一只眼睛,别人还不能去看她。她有几个儿子也都各顾各,没有人去更多地关心。传统乡间伦理价值秩序早已解体,法律根本难以进入村民日常生活,新的合理的价值秩序又远没有建立,剩下的就只能是金钱与利益。一个老婆婆就这样在乡村走向富裕的同时陷于生不如死的尴尬境遇之中。这虽然是个别现象,但个别事物的存在中却真实地包含着当今时代乡村社会文化缺失的诸多迹象,只不过是乡村文化秩序解体、传统价值缺席的极端表现而已。包括近年来不断出现的源自农村社会的极端恶性犯罪,实际上都跟当前乡村文化秩序的解体有着密切的联系。

正因为如此,乡村文化的建设绝不是一个简单的问题,它需要整个社会生存理念以及对现代化想象的转变。在以求富裕作为整个社会基本生存姿态、以城市化等同于现代化的基本追求为背景的文化想象之中,乡村文化的边缘化是无可挽回的。只有当我们逐步倡导、树立一种开放、和谐、自由、精神的富足重于物质的享受为基本理念的生存方式,乡村文化才可能作为独立的文化品格进入现代化的视野之中。

　　乡村文化当然不应该是一个静态的概念,她需要不断更新,关键在于这种更新是基于内在发展的,而不是替代性的发展。当乡村本身不再作为乡村自身文化发展与更新的主体,而只是作为被动接受的容器,乡村实际上作为文化主体就已经死亡。作为文化主体的标志就是具备自我生存与生长的能力,成熟的文化主体意味着具备基本的自信,能坦然接受自我存在的现实,同时认清自己的不足,找到自我发展的方向。与此同时,能对不同文化保持开放的姿态,包容他者,在此基础上具备适当的整合外来文化资源的意识与能力,在创造新我的同时实现对自己的不断超越,实现自我文化内涵的充实与文化价值的提升。乡村文化的重建,其核心就是要恢复乡村文化的自信心,重建乡村作为社会文化有机体存在的尊严,在此基础上才有可能重新发育乡村文化自身的增殖意识与能力。恢复乡村文化的自信其根本就是恢复村民社会个体存在的自信。

　　显然,在全社会欲望大开、趋利之心足以淹没一切的背景下,要从生存价值理念的引导入手,来重建乡村文化的自信心,是非常困难的,至少是过于理想化。可行的方式只能是在承认并尊重现有生存价值理念,尊重乡村社会对富裕的渴求的基础上,逐步引导、培植乡村文化的细水长流。这里包含着两个层面,一是发掘、培植、提升目前还存留着或者可能恢复的乡村文化种子,予以适当的扶植,使其具备自我生存与发展的能力,扩大传统乡村文化生存的空间;一是建立合适的机制,鼓励文化下乡,真正走进乡村生活世界之中,成为乡村文化的内涵,就像当年的露天电影一样,成为无数个乡村夜晚的美好记忆。目前的所谓文化下乡,实际上只是进一步凸现既有乡村文化的劣势,昙花一现,匆匆而过,并不足以融入乡村文化世界之中。

乡村教育是否可能作为文化荒漠之中的绿洲

小的时候，父亲就是这样教我，会读书的穿皮鞋，不会读书的穿草鞋。在我的印象中，父老乡亲反复告诫子女的，就是通过读书来走出农村社会、改变务农的命运。但在我的生命历程之中，乡村社会依然给我们那个年代的乡村少年以全面的精神滋养，足以让我们从中感受乡村社会的美好，找到自己存在其中的生命的欢娱。随着乡村文化价值的进一步失落，乡村社会的解体，浸淫其中的文化背景早已不足以带给乡村少年生存的自信与积极向上的生命姿态，学校教育中以升学逃离本土社会、进入社会的主流作为强势价值渲染，本土文化不足以给个人生存提供价值的基础与精神的支持，直接导致乡村少年的生存焦虑与精神的迷失。

相对于个人完整生命而言，学校教育所能提供的文化滋养与价值教化总是简单的，不足以慰藉个人生命需要的多样性，人的健全发展需要个人周遭的生存空间的整体孕育。所以良好的教育需要学校文化与个人生存其中的隐性文化、本土文化的和谐与补充，个人周遭的缄默知识乃是个人成长重要的精神资源，在个人生命发育的过程中实际上有着无可替代的作用。当外来文化处于压倒一切的强势地位之时，本土文化就成了个人急于摆脱的衣襟。外来文化又不足以全面呵护个人的成长，这样的结果就只能是个人精神发育的片面化与畸形化。

培植乡村文化世界，就是在培植乡村少年的文化空间，就是在孕育乡村少年的文化生命。如果说乡村文化的荒漠化是一个短时期无法转变的事实，那么，对于乡村少年而言，在这荒漠之中唯一的指望就是乡村学校教育了。问题在于，乡村学校教育是否可能成为乡村文化荒漠化之中乡村少年的救命稻草，为乡村少年树起一片精神的绿洲？这绝不是一个简简单单的问题。这意味着在物质逐步发达的条件下乡村学校的重要性不是降低，而是需要大大的加强，乡村教育需要承担乡村文化虚化后给乡村少年成长留下的精神空白，全方位地抚慰、孕育乡村少年的生命肌体，培育他们完整的心性与情感。换言之，乡村学校既要在智识发展上继续深化传统乡村学校的教育功能，又要充当乡村文化虚化后全面涵蕴乡村少年成长的精神保姆。乡村学校能否承受如此艰难的使命？何以承担如此重大的使命？这实际上是一个事关一代乃至几代乡村少年健康成长的重要问题。

乡村教育需要承担起在乡村文化虚化的现实中营构一种积极的文化想象空间的使命，从而尽可能多地给予精神趋于贫乏的乡村少年以文化精神的抚慰。在乡村教育条件——不仅仅是硬件，更是软件，是乡村学校的文化品格的提升——很难一蹴而就的情况下，师资就成了决定乡村教育质量的关键之所在。缺少好的教师，感受不到有意义的教育，这才是乡村孩子失学的关键内因。营构乡村教育的文化想象空间，需要那种真正能理解乡村、理解乡村少年境遇、扎根乡村社会，又有远见、心智活泼的教师，他们在开启乡村少年的知识视界的同时，能充分地引导乡村孩子理解周遭的乡村世界，吸收乡村社会的教育资源，从而引领乡村少年的乡村情感与意识的全面孕育，让他们真实地生活在他们所栖居的乡村环境之中，让他们不仅仅生活在对未来走出农门的想象之中，而且尽可能地生活在当下，并且亲近他们当下生活的世界。乡村教师的素质要求绝不仅仅是知识的多少与学历的高低，更是对乡村社会的亲近与广博的爱。

有着百年历史的中等师范教育作为中国特色的教育形式实际上真正受益的正是广大的乡村社会。中等师范曾经大量地吸引着具备优秀潜质的乡村少年，进入中师的学生大都是农家子弟，对乡村有着一种朴素的情感。他们中的绝大多数学成归来，回报乡村社会。近年来，随着师范教育与国际接轨的呼声，为了提高办学层次，一夜之间宣告了中等师范学校的消逝。提高教师学历层次，作为一种理想的追求当然是非常好的设想，但问题在于，高学历而又高素质的教师在目前条件下根本不可能大量的进入乡村学校，而高学历、低素质的教师进入乡村学校只是把对乡村社会的怨恨进一步传递给学生，强化学生对乡村世界的隔膜，所以实际上乡村社会更需要的是学历并不一定高但素质较高的教师，他们用心从事乡村教学，他们才真正是乡村教育值得信赖的薪火。中等师范的"一刀切"，实际上是截断了乡村教育师资的源头活水，就目前而言，乡村教师的青黄不接已经成为一个日渐凸现的重要问题。所以，要适当地保留、发展中等师范，采取必要的措施吸引比较优秀的乡村少年：一是给予学费上的优惠，免学费，还由政府提供适当的奖学金；二是提高师范教育水平，全面拓展师范生立足乡村社会所需要的文化意识和综合素养；三是改善乡村学校条件，提高乡村教师的待遇。这是一条适应当代中国农村社会需要的、真正具有中国特色的教育路径。相对稳定的、高素质的、富于爱心的师资，是发展乡村教育、提升乡村文化，甚至实现整个乡村社会健康发展的重要保障。因为乡村教师的品质，在很大程度上，就直接地决定或者说影响了乡村少年生存与发展的品质。

重新确立乡村教育的根本目标

现代化的过程,对于乡村社会而言实际上是一个不断祛魅的过程。在现代化的想象中,以城市文明为中心的教育作为乡村教育的他者,显现出来的乡村教育是落后、愚昧,乡村教育赖以依托的乡村文化基础与乡土意蕴都在以有用性价值的比照中逐步消解。在这个大背景下,我们对乡村教育的解读与关切就不可避免地把乡村教育他者化,乡村教育沦为纯然被改造、被拯救的对象。乡村教育的内在问题实际上在我们表面的、不乏优越性的关切中被忽视、淹没、遗忘。正因为如此,从何种角度切入对乡村教育的追问,以超越单一的现代化想象,显明乡村教育自身问题之由来与问题谱系,这对于乡村教育与乡村社会的长远与健康发展而言,已经是迫在眉睫的任务。

何谓乡村教育:乡村教育问题的转向

我们首先要思考的一个前提性的问题就是,究竟什么是乡村教育?谈论乡村教育的起点是什么?我们是立足于"乡村"来谈乡村教育，还是立足于"教育"来谈乡村教育？表面上是同一个问题，但却是两种全然不同的关注视角：以乡村为中心对乡村教育的关注视野是，与城市教育相比，乡村教育在办学条件、学习保障、生均经费、升学率、失学率等方面的差别；以教育为中心对乡村教育的关注视野则更进一层，那就是，乡村教育究竟何以显现为乡村的教育？

实际上这两种关注构成关注乡村教育的两个层面的问题，两个层面的问题都很重要，都需要关注。但到目前为止，我们更多的立足点是前者，我们仅仅只是把乡村作为一个弱势的、需要俯视性关注的、作为地域性差异的乡村教育。我们的立足点并不是，那发生在乡村少年身上的活生生的教育的事情究竟是如何展开的？问题究竟是什么？什么样的教育才是对于乡村社会而言真正的好的教育？以前者作为关注的基本视野，很难避免对乡村教育的俯视与对乡村教育模式的简单规划与移植，因为在这个层面上，乡村教育处于绝对弱势的地位。只有后者的关注视野才能让我们真正贴近乡村教育，去真切地思考、把握乡村教育发生的细微脉络，走进乡村教育之中，而不是以高高在上的姿态凌驾于乡村教育之上。

我们对乡村教育的关注落脚点大都重在"乡村"，即对作为地域上处于弱势的乡村的关注，"教育"本身的好坏是毋庸置疑的问题，或者乡村教育的好坏理所当然地就是比照城市教育的模式。换言之，我们对乡村教育的关注就是如何比照城市教育，使之朝向城市教育模式。这样，我们对乡村教育的关注是大而化之的，是模糊的，我们恰恰忽视了那发生在"乡村"的"教育"究竟是什么，应该是什么。我们追问乡村教育的起点应该是从什么是"教育"、什么是好的"教育"开始，然后才是什么是"乡村的教育"、什么是好的"乡村的教育"。在乡村教育的关注视野中，以"乡村"为中心的关注模式始终是外围的，是形式的，而不是内容的、本质的。我们需要一种转向，一种以"教育"为中心的关注模式，对发生在乡村社会的真实教育实践活动如何展开的关注，才可能让我们真正接近乡村教育的问题实质，从整体把握乡村教育的问题脉象。

什么是教育？教育从根本而言就是促进人的精神成人，就是如何把未成年人培育成全面自由健康发展的成熟个体，就是如何发育年轻一代的健康和谐的人格。在这个基础上，我们再追问，什么是乡村教育呢？那就是，如何积极有效地促进乡村少年的精神成人，促进他们置身乡村社会之中的活泼、健康、全面、自由的发展，启迪、发育他们的健全人格，为他们的一生奠定良好的身心基础。乡村少年的健康发展就是乡村教育的根本目标，如何有效地促进每个乡村少年的全面健康发展才是乡村教育关注视野的核心与根本问题。只有当我们深入触及乡村教育的展开与乡村少年的健全发展如何可能的时候，我们才可能真正避免俯视的姿态，而融入乡村教育的真实世界之中，去全面把握乡村教育何以展开的细微脉络，发掘乡村教育的内在精神资质。

乡村教育问题的三个层面

任何教育都是发生在一定的场域之中，正是在教育的引导下，教育中的个人与其生存环境之间的活生生的关系的建构，而积极地促进个体生命的展开与个体精神的活泼建构。学校作为个人发展的小环境更多地承担的是启蒙的功能，个体完整的发展还需要日常生活的养成。个人的生活世界对于学校教育影响的消化吸收以及对于个体情感精神的整体孕育，实际上起着不可或缺的作用。正因为如此，学校教育需要打通教育生活与个人周遭生活世界之间的关系，从而保持个人在教育中的生活与日常生活有着某种亲和性，使得个人在教育生活与日常生活的转换中能积极适应，并相互促进，互为补充，由此而获得个体生命世界的整体培育与个体人格积极有序的生成与发展。

　　乡村教育之所以作为乡村教育，并不是因为乡村是作为教育的物理的空间，更重要的是乡村作为乡村少年发展的精神场域。乡村生活世界必然地作为乡村教育展开的生活基础，成为乡村少年精神与人格发展的基本背景。一旦乡村少年在学校教育中的经验与其在乡村生活中的经验发生价值取向的背离与阻隔，两者缺少必要的沟通与融合，就很可能导致乡村少年成长中的精神危机。正是乡村学校之于乡村少年的精神与人格启蒙，再加上乡村生活之于乡村少年的精神与人格的整体孕育，才可能培育出不管今后是否走出乡村，但都是作为健全的人，而不是精神与人格扭曲的个人的乡村少年。

　　这样，我们今天对于乡村教育的关注就需要必要的视角转换，由高高在上的俯视的姿态，而实实在在地去贴近乡村教育，从文化—生活的视角去理解究竟乡村教育何以发生。由此，我们对乡村教育的关注就至少包括三个层面：最基本的层面当然是怎样保障教育机会的均等与基本的教育公平，在乡村教育的条件、就学保障等方面予以充分的考虑；其次是拓展乡村教育的乡村文化视野，增进乡村教育与乡村生活之间的有机联系，扩大学校教育内容与乡村生活经验之间的融合；第三则是怎样从乡村教育发生的根本点着手，全面寻求在作为教育场域的乡村世界中，乡村少年精神与人格健全发展的根本出路，促进乡村少年在学校生活与乡村生活之间的和谐。第一个层面是从教育的形式层面，第二个层面是从作为教育内容的乡村教育与乡村文化的融合层面，第三个层面则是从作为文化与精神事件的乡村教育的本体层面。第一个层面是权利的；第二个层面是文化的，主要涉及与乡村生活相关的知识、技能与基本乡村情感的培育；第三个层面是人格精神的，主要涉及乡村少年生存的核心情感、态度、价值观。

　　第一个层面的问题，主要涉及教育资源的配置与教育经费的安

| 乡土的逃离与回归：乡村教育的人文重建 |

排，以及对乡村义务教育政策的调整。第二个层面的问题主要涉及乡村教育的乡村视野的开放，这里有两个基本维度，一是怎样在现成课程知识体系中显现乡村文化本身的价值，而不是遮蔽之；二是乡村知识怎样进入乡村教育的视野之中，加强乡村学校与乡村社会的沟通，从而拓展乡村教育的本土文化资源。第三个层面的问题主要涉及怎样使作为乡村少年基本生存场域的乡村进入乡村少年的精神建构，这里的关键问题是怎样建构乡村少年与乡村的亲近性，显现乡村在个体发展中的独特意义，引导乡村少年在学校教育启蒙的引导下，实现个人在外来知识与乡村背景的融合中的积极健康、活泼、全面的发展，隐含其中的核心问题就是对以城市化为中心的现代性价值本身的反思与对乡村生存价值理念的合理性的尊重，从而开启乡村少年置身乡土社会基本的生存自信。就目前而言，第一个层面的问题广受关注，第二个层面的问题颇有涉及，第三个层面的问题则基本处于遮蔽状态。如果我们的乡村教育不能很好地触及第三个层面的问题，则意味着我们对乡村教育的人、财、物的投入许多时候换来的不仅可能是低效、无效，甚至可能是负效的，读书多而又没能走出乡村的年轻人，他们在乡村社会的生存能力还比不上那些读书少的同龄人，这也是新的读书无用论在不少乡村社会抬头的重要原因。①

重新甄定乡村教育的根本目标

我们对乡村教育的关注有两种形式，一种是数字性的关注，即关注作为统计数字的入学年限、比率、人均经费投入等显性问题；一种是叙事性的关注，即建立在真实乡村少年的教育情景的密切关注之上。实际上，我们今天对乡村教育的关注不能仅停留在统计数

---

① 韩少功：《山里少年》，《文汇报》2003 年 8 月 29 日。

字的层面，尽管这个层面的问题依然还大量存在，需要切实努力去解决，但我们不可能等这个层面的问题彻底解决了再去考虑数字后面的问题。我们必须关注一个一个的乡村少年，他们在乡村社会与乡村教育中的真实的生存状态，关注实实在在的乡村教育生活质量。乡村教育的目标实际上涵括两个层面，一是给予乡村少年以同等的国民教育，实现乡村少年的健全发展；一是立足国民教育的基本目标，遵循国家教育方针，追求德、智、体等方面的全面发展，提升国民素质，同时作为乡村少年的发展需要，培养基本的乡村情感与价值观，培育乡村生活的基本文化自信，并保持开放的文化心态，积极接纳现代文明，又不失对自我生存乡土的关爱，从而实现个人内在生存秩序的和谐与置身乡村生活世界之中个人生命意义的安顿。不管他们今后是走出乡土、升学就业，还是立足乡土，作为乡村少年的积极健康的生存姿态都是或者说应是乡村教育的核心目标。

　　长期以来，我们对乡村教育目标的关注，大都是停留在第一个层面，最基本的层面，也就是基本国民教育的保障，实际上后一层目标才是乡村教育的根本目标，这个问题在今天已经变得十分突出，厌学逃学、精神贫乏、心灵荒疏、情感窄狭，乡村少年生存品质的缺失正在大面积蔓延。乡村教育必须全面提高自身的质量，以全面呵护乡村少年的生命质地。我们之所以要提出乡村教育之为"乡村的教育"的问题，正在于，我们不仅要给予乡村少年同等的教育机会，更要关注如何给他们一种积极健康、全面发展的教育，以促进他们的精神发育与人格生成。很显然，如果只有第一层目标，至少在很长一段时间里，我们的乡村教育就只是在给乡村少年指明未来发展的单一的路径。实际上，并没有抽象的德、智、体等方面的全面发展，德智体在不同教育场域中必然被赋予多样而真实的教育内涵。在目前的乡村教育体系中，在很大程度上只是给那些能够在正规教育体系上走得更远的少年提供未来生活的准备，而没有充分关注他们的当下生命的境遇，更难以实现对那些不可能通过升学路径而获得更大发展的乡村少年以健全生活的引导。

如果乡村教育是以乡村少年的健全发展为中心，那么我们实际上就有必要反思乡村教育的基本目标，即乡村教育究竟指向怎样的少年形象？我们当下的乡村教育到底有没有自身独到的乡村少年想象，并以之来引导乡村少年的健康生存状态？实际上我们眼下乡村教育中呈现的乡村少年想象，基本就是以会读书、成绩好为中心建立起来的，或者就是把抽象的德、智、体全面发展的想象充当了乡村少年的想象，我们基本上忽视了乡村少年置身乡土所必然面对的与乡土社会、乡村文化、乡村生存境遇之间的各种关涉，以及由此而发生的乡村少年生存自信的建构，这使得我们在教育中所呈现出来的理想乡村少年形象是单一的、贫乏的，根本不足以成为乡村少年生存姿态的积极引导与促进者，甚至我们对于以智育为中心的乡村少年发展的想象可能是大多数乡村少年生存自信消解的源泉。

乡村教育蕴涵的显现

当下乡村少年的发展一个重要的问题就是，如何在置身现代化的大背景下，立足乡土，培育乡村少年对乡村社会良好的情感依恋与乡村生活的基本自信；又不拘泥乡土，有开阔的胸襟，能积极接纳外来文明的冲击，从而给他们的生存敞开一种开阔而健康的空间。这种乡土之爱不是外加的，而必须是内在的，是乡村少年生存状态的真实显现，是乡村社会与乡村少年的各种亲切而温暖的联系构成了乡村少年生命深处的真实内涵。惟其如此，置身乡土，他们才可能找到生存的自信与生命的意义感。乡村是乡村少年生存的基本场域，是他们生命意义的根本性源泉，怎样在现实的乡村场域之中给予乡村少年以全面、自由发展的引导，促进乡村少年的精神成人，乃是乡村教育的根本性问题。这意味着怎样在被社会现代化与教育

| 重新确立乡村教育的根本目标 |

的现代化设计框架之遮蔽中显现乡村教育的独特蕴涵,在促进乡村少年与时代精神相融合的同时又保持与乡村社会的共契,就成了当下乡村教育问题的关键。

教育总是在一定的场景中展开。乡村教育就是在乡村背景中发生的教育,但这里的场景显现不仅是物理的空间,而且是乡村少年生存的空间。乡村作为乡村少年生命展开的空间,其精神成人的事件究竟是如何发生的?显然,这一事件的发生不可能脱离乡村社会的背景,这意味着乡村必然作为乡村教育的基本背景而置于乡村教育的真实情景之中。这里就出现了一个关键性的问题:乡村作为一个教育发生的场景何以在乡村教育中显现出来?乡村在乡村教育中的隐匿,正是乡村少年在教育情景中生存基础弱化的根源。

日本早在二十世纪六七十年代乡村建设过程中,就有很多人包括年轻人抗拒主流的发展,而坚定地保卫土地之于个人生命的意义。他们提出了一个概念,就是把土地的"地"跟"土"分开,他们说,"'地'是一块一块的,你可以把它切割,然后你把它一块一块地卖了,但是这个'土'是我们的祖先在这里用汗水浇灌着的,它是我们对我们的生活、我们的历史的记忆,这些记忆就存在于'土'中,这个'土'之所以这么肥沃,因为我们的祖先一直以来就在这里生活,这个不能卖出去"。[①] 对他们来说,这个土地不是一个可以拿来买卖的财产,而是他们整个精神的所在,正是这种精神支撑了他们的整个抗争。这提示我们,乡村土地不仅是作为使用价值存在,土地的存在本身就是价值。这里实际上就是一个怎样显现乡村自身价值的问题。功用化的思维方式和生存姿态,把乡村人同乡村本身隔离开来,乡村本身在功用化的考量之中失去了本真的意义。安土重迁,尊重家园,尊重泥土,这些传统价值都在单一现代化的追求之

---

① 武藤一羊:《基于日常生活的联盟》,《天涯》2006 年第 5 期。

47

中黯然失色。功用化的教育思维截断了乡村少年与乡土之间亲熟的联系,对大地、对自然、对乡土美好的情感,实际上在我们今天的乡村教育设计中基本都是缺席的因素。尽管我们可能会在思想品格课程设计中考虑这方面要求,但在乡土价值整体缺席的背景中,思想品德课中的外在的强调根本无济于事,此目标只能形同虚设。

乡村少年置身乡村自然环境之中,人与自然的亲近关系乃是乡村少年精神成人的重要内容,正是在与乡村自然的亲熟关系中启迪、孕育乡村少年的基本生命姿态,乡村少年与自然的亲熟理当成为乡村教育的重要意蕴。乡村自然以及建立在自然、朴实的生存姿态上的乡村文化,其中所蕴涵的不仅仅是落后与愚昧,其中同样有着在哲学、伦理、价值层面足以悉心呵护乡村少年生存的丰富内涵。著名作家张承志在《心灵史》中就试图从哲合忍耶(中国伊斯兰教四大门宦之一)中寻找一种真正的人道主义精神,"哲合忍耶是中国劳苦底层",是一个"牺牲者集团",是"坚守心灵的人民",是一种"穷人的宗教",是从人民中间提炼出来的基本原理,"这里含有人、做人、人的境遇、人的心灵世界和包围人的社会、人性和人道。这里有一片会使你感动的、人的光辉",他甚至还说,"在中国,只有在这里才有关于心灵和人道的学理"。[①] 张承志提出的问题本身无疑很有价值。几千年沉淀下来的乡村生存经验,蕴涵在乡村传统、习俗、民歌民谣、口耳相传的民间故事、乡村道德,以至村民社会的整体生存姿态之中。随着社会秩序的变革与外来文化的冲击,传统村民的生存智慧被年轻一代在功利与效用的尺度面前土崩瓦解,弃如敝屣。几千年的乡村文明孕育的文化价值与生存理念在单一现代化追求的历程之中,转瞬之间就被弃如敝屣,这显然是有问题的。

---

① 参见旷新年:《张承志:鲁迅之后的一个作家》,《读书》2006 年第 11 期。

在我们的现代教育体系的设计之中，乡村文化同样相应地被置之度外，乡村文化实际上在我们的现代化的语境中并没有作为基本的视野，乡村少年被置于现代学校教育所提供的现代化想象之中，失去了他们脚下生存之根基。

拓宽乡村教育的文化基础

"构成乡村文化整体的，一是乡村独特的自然生态景观；一是建立在这种生态之上的村民们自然的劳作与生存方式；一是相对稳定的乡村生活之间的不断孕育、传递的民间故事、文化与情感的交流融合。正是在这种有着某种天人合一旨趣的文化生态之中，乡村表现出自然、淳朴而独到的文化品格。乡村少年身心沉浸其中，尽管生活条件艰苦，但却能在与自然的和谐相处中感受自然的美好，在参与村民自然劳作、与长者的故事交流以及多样的乡村民俗文化中感受乡村温暖的情怀，在田间地头乡村知识人的文化传播中获得心智的启蒙。"[①] 正是乡村独到的文化寄予乡村少年生命以真实的乡村蕴涵，乡村教育一个重要的内涵正是显现乡村文化内涵，传承乡村文明，增进乡村少年对乡村社会数千年来生存理念的理解，从而有效地拓展他们当下生存的意蕴，在乡村社会独有的生态秩序、心态秩序与文化价值秩序之中为他们找到生命的安顿提供踏实的根基。

目前乡村文化秩序遭遇的危机是多重的，一是自然生态秩序的破坏，滥捕滥杀、有毒农药的大量使用、过度开发等乃是直接导致农村生态秩序破坏的关键因素；一是乡村文化秩序的瓦解，年长者边缘化、年轻人外出打工，乡村文化虚化；一是乡村公共生活的危机，买码、赌博、黑恶势力的渗透，乡村公共生活濒临缺席；一是

---

① 刘铁芳：《乡村的终结与乡村教育的文化缺失》，《书屋》2006年第10期。

乡村心态秩序的危机，传统乡村伦理秩序难以为继，新的伦理秩序有待生成，利益成为乡村生活的基本纽带。过去的乡村尽管贫穷，但村民生活的集体性征依然在一定程度上敞开了乡村生活的开阔空间，尽管缺乏现代公共意识，但以乡村情感维系的乡村公共生活依然足以保留乡村文化的特质，并给置身其中的乡村少年提供较全面的精神滋养。随着改革开放，农村剩余劳动力的转移，农村文化的虚化随之而来。乡村社会的公共生活完全流于庸俗化的、没有传统乡村文化内涵的生活形式，乡村公共空间急剧萎缩，缺少文化内涵的乡村公共生活对乡村少年的健康成长害远大于利，甚至许多场景是有百弊而无一利。

关注乡村文化，实际上是关注乡村少年精神成人的生活基础。这中间还不仅仅是本土知识、缄默知识的问题，而且是教育与个人成长根基之间断裂的问题。这其中遭遇的问题同样是双重的，一方面是现实中存在的乡村文化秩序瓦解的问题，另一方面则是乡村本身应有的文化内涵在乡村教育中的遮蔽。教育设计的城市取向从整体上构成了对乡村教育之乡村视角的遮蔽，乡村文化的特质在乡村教育中无从显现。乡村教育对城市取向教育在应接不暇中的被动适应，乡村教育本身对乡村文化精神的远离，以及乡村教师能力与素质的缺失，乡村教育对乡村少年精神引导的不足，直接导致乡村文化在当代乡村教育中的缺席。加上乡村文化本身的土崩瓦解，直接导致乡村少年成长中日常生活精神滋养的缺失，导致乡村少年在教育中意义的迷失，单一的以知识传输为中心的外来教育文化不足以给他们提供整体的生命滋养，他们从中很难真正找到生命的意义，相反倒是让很大一部分乡村少年在乡村教育中找不到教育带来的成功感和生存的自信，而失去对教育、对乡村生活应有的亲近之情怀，大面积的厌学情绪由此而生。他们在乡村想象的缺失中长大后，又反过来缺少健康的乡村情感，不足以去培植新鲜、健康的新乡村文化秩序，这样就导致乡村社会的恶性循环。

乡村教育怎样给出乡村少年生命存在的意义，这可以说是当前乡村教育改革中被忽视的一个根本性问题。乡村教育应该活化乡村少年的乡村想象，增进个人对乡村社会的认同，提升乡村少年置身乡村社会中对乡村文化应有的自信。这不仅仅给今后那些无法通过教育走出乡村的孩子以生存的自信，同样是为了给那些今后能通过教育走出乡村社会、进入城市生活世界中的孩子今后人生中无法抹去的乡村生存痕迹以存在的自信，让他们更坦然地融入未来遭遇的强势文化生活秩序之中。

目前的乡土教材在某种意义上而言，实际上是进一步强化了乡村文化的弱势存在，以及对乡村少年进入乡村社会的生存自信的贬抑。正因为如此，乡村文化价值的显现不仅仅是乡土教材的问题，而且是整个乡村教育课程建设的问题，即在整体乡村教育教材中应该体现对乡村社会与乡村文化价值的充分的关注与尊重。不仅如此，文化的自信建立在自我认同与他者认同的集体想象之中。乡村少年文化自信的引导还有赖于整个社会的乡村想象的建构，我们还需要在整个课程设计中扩大对乡村社会的文化想象，提升对乡村社会与乡村文化的整体认知的态度与水平。当整个社会与教育把乡村社会的既有一切都想象成落后，乡村少年就没有办法从他们周遭的生活世界中扎下根来，他们就不得不处于一种无根的生命状态之中。

乡村教育的精神培植

"楼上楼下，电灯电话"，这就是几代村民从小接受的关于乡村社会现代化的基本想象，这种想象的基本特征，一是以物质的现代化为中心，一是以外援性的技术的现代化为中心，这实际上是长期生活在贫穷境遇中的村民对现代化的基本诉求。乡村社会在走向现代化的历程之中，除了顺应城市化所呈现出来的基本样式，根本就没有独到的乡村自身的内在现代化的痕迹。与此相连的是，在学校教育中为乡村少年所提供的乡村想象之中同样存在严重的单一与贫乏。今天，我们一方面要充分激活乡村文化的空间，活化乡村社会的乡村想象；另一方面又要看到乡村社会以物质与技术的现代化为中心的现代化追求的合理性。我们谈论乡村教育，既不能把乡村教育淹没在现代化的宏大想象之中，同样也不能以怀旧式的心态来简单地维持乡村教育的恬静想象。乡村教育必然被置于现代化的视野之中，去寻求自身长远、健康的出路。

乡村教育自身是很难解决乡村教育目前所面临的问题，乡村教育的发展必须被置于整个乡村建设的大背景之中。"乡村建设，就是将乡村建设得适宜于农民居住，让乡村在中国现代化建设中充当稳定与发展的力量。乡村建设，就是要将乡村建设得山川秀美、风景宜人，就是要将乡村建设得祥和安宁、幸福快乐，就是要将乡村建设得经济发展、生活方便。"[①] 概而言之，乡村建设需要在四个层面展开：自然生态层面，逐步恢复乡村和谐自然生态，让大雁重新回来；经济层面，提高村民作为经济主体的能力，扩大村民的福利；社会层面，促进村民自治，扩大村民社会的公共空间；文化价值层面，尊重并活化传统乡村文化价值中积极的价值质素，比如尊老爱幼、互助、在基本是非善恶理念上的明晰、淳朴的道德行动能力、对集体的认同、谴责自私等，重建乡村社会的核心价值观，同时又逐步吸纳现代法律观念与文化意识，逐步实现乡村文化价值秩序的和谐。

应该看到，乡村建设是一个长远的系统工程，在短期内不可能很快实现。乡村建设的主体只可能是村民自身，怎样培养积极向上的新一代村民，提高他们对乡村社会的重新认识，提高他们置身乡

---

① 贺雪峰：《如何进行乡村建设》，《甘肃理论学刊》2004 年 01 期。

土的生存技能、能力与自信,这实际上就是在培育乡村建设的真正的主体。"再苦不能苦孩子,再穷不能穷教育。"前一句话可以商榷,但后一句话绝对是现代社会的至理真言。教育是不能等人的,换言之,我们不能以牺牲一代乡村少年的健康发展为代价,等乡村建设上去之后再去补救,相反,培育健全、活泼的乡村新人本身就应是乡村建设的重要的,甚至可以说就是最重要的内容。乡村教育的全面、健康的发展有赖于整个乡村秩序的和谐建设,但另一方面,乡村教育又可以在乡村秩序的建设中发挥自身的先导作用,乡村教育本身就可以成为乡村建设的风向标。在这个意义上,乡村教育不仅是乡村建设一个不可或缺的重要内容,同时乡村教育也是眼下乡村建设一个重要的突破口。

乡村教育需要培植内在的精神,这种精神的核心是对乡村少年精神成人的关切与对他们健康成长的关注,由此而展开的是乡村教育在两个基本维度上表现出来的精神气质,一是对乡村社会本身的亲近,一是乡村教育本身所展开的尽可能开阔的精神世界。乡村教育本身必须孕育良好的乡村情感,惟其如此,乡村教育才有可能实现对自身的反哺与对乡村社会的支持,而不是背离,尽管这个问题是一个复杂的乡村建设的问题,但乡村教育本身应该是促进这种和谐,而不是增进不和谐,加剧乡村少年与乡村社会的分离。

乡村教育内在精神的培植有两条基本路径,一是乡村教育的乡村视野的打开,从文学、地理、体育、游戏、艺术等方面全面显现乡村的文化蕴涵,拓展乡村少年置身乡村社会的精神空间与对乡村社会的积极认同;一是乡村教师的引导。实际上,乡村教师才是乡村教育的根本主体,乡村教师意识的提升与素质的保障才是发展乡村教育的根本,怎样吸引优秀的、富于良好乡村情感的年轻人投身乡村教育事业之中,给予他们的乡村教育事业以充分的保障,这才是眼下发展乡村教育的最重要的途径。

| 乡土的逃离与回归：乡村教育的人文重建 |

　　中等师范之所以作为中国特色教育的一个重要方面，正是由于中国社会的重要组成部分就是农业社会。中等师范正好适应了中国乡村社会的现实需要。中等师范教育的"一刀切"无疑截断了乡村教育师资的源头活水。在充分考量乡村教育的需要的基础上适度地恢复中师，这无疑是一条切实可行的促进乡村教育发展的路径。这其中又有两层重要的意义：一是给乡村教育提供有保障的良好师资；一是给部分心智较好却又无力承受高中与大学教育的乡村少年的发展提供了一条出路。如果中师教育的引导适当，从整体而言，就可能培育出这部分人对乡村与对乡村教育的良好情感，让他们去充当乡村教育的源头活水，当他们把对乡村教育的良好情感带到乡村少年的生命世界之中，就可能引导乡村少年积极健康的乡村生存姿态，启迪下一代乡村少年良好的乡村情感与积极健康的价值观，这样就可能逐步形成乡村教育与乡村社会的良性互动，这对乡村教育的健康稳定的发展与整个乡村建设都会起着良好的作用。正是给那些资质尚佳而家庭条件又一般的乡村少年以发展的机会，他们就有可能带着良好的乡村情感投身乡村教育之中，从而构成当代教育体系中对乡村社会最现实的反哺，促进乡村教育与乡村社会的良性循环。

破碎文化体系中的乡村教育：
乡村教育重建如何可能[①]

感谢在座的朋友，在这么冷的冬天来参加今天的活动，特别是来了好几位尊敬的长者。坐在台上感觉有些惶恐，觉得有些不太踏实。对乡村教育的关注是基于我自己的爱好，同时也是基于我作为一个农民的儿子的责任。我们到底应该怎样来关注乡村教育呢？要上升到文化的层面，上升到对目前乡村少年的生存状态问题，从文化与教育的关系层面上敞开一条乡村建设的路径，也许只有这样才能真正把握乡村教育的问题。

我之所以敢到这里来汇报，首先是因为我是农民的儿子，有责任为我的父老乡亲做一点事情，我希望我们的交流能够敞开一点点新的东西。我想和大家敞开心扉交流些问题。我们今天在这样一种繁华的都市生活中，为什么要关注乡村教育？这不仅仅是显明我们的责任感。

---

① 本文根据笔者 2007 年 1 月 20 日在湖南省图书馆青枫论坛上的讲演《乡村文化与乡村教育》整理而成。

谈论乡村教育的意义

意大利著名儿童文学家德·亚米契斯在《爱的教育》中这样写道：

身体精神都染了病的人，快去做五六年农夫吧。

人的堕落，与物的腐败一样。

物虽腐败，只要置诸土中，就能分解成清洁的植物的养料。人亦然，虽已堕落，只要与土亲近，就成清洁健全的人。

我们今天关注乡村教育，一个重要的意义就是为我们的物欲化的都市生活寻找新的根基。这种根基表现在两个层面：一是作为族类的根基，一是作为个体生命的根基。我们对乡村社会的关注，实际上是活化我们生命的根。电影《霍元甲》中，李连杰扮演的霍元甲历尽艰辛，终于明白只有爱才能赢得世界，尽管他因中毒而濒临死亡，但人格已经高高地站立起来。其中促成霍元甲完成精神救赎的情节正是远离繁华都市的乡村自然，加上月慈姑娘。其中隐含的乡村社会对于个体生命的拯救的基本要素就是：爱、美、自然。我们需要重新发现乡村社会的重要因素，在这片古老的乡村土地上，你还可以感受到心灵与生命的净化。面对道德理想与激情灰飞烟灭于物质主义、享乐主义之中的现实，置身乡土，我们不仅仅去寻怀旧之旅，更重要地是从生命的根基出发去关注乡村社会与乡村教育。

另一方面，以农村作为社会最大群体的当代中国迫切需要我们增加对乡村文化与教育问题的关注，我们关注和谐社会、公民社会，都不应忘记乡村社会的存在。"改革正在过大关"，不关注农村社会的和谐，就不可能有整体和谐社会的建设。我们需要把乡村教育纳入到新农村建设的关注视野之中，通过对乡村教育的关注来显现我们的公共关怀。在今天，也许个人的力量是微不足道的，但我们可以通过语言来建构一个公共的空间，以语言来敞开我们对社会的关注,同时也敞开我们当下的生命空间。我们的社会急切地需要公共理性精神的发育,公共论坛的开辟无疑可以拓展我们的公共视野,提高我们社会的公共理性精神。关注乡村社会,让我们在拜物教流行的社会中,开启一种为他者而活着的精神。

乡村教育的问题:说不清的读书

我们今天的社会中,对待教育实际上出现了两个极端,在城市,教育被看作是家庭和社会关注的中心,各种形式的教育给孩子的生活增加的是很精细的压力。在农村却出现了新的读书无用论。有个报道称,在四川山区,上大学无用论抬头,有家长这样说:"我曾经对儿子说,别念书了,可是他一听就哭了。他本来是个爱说爱笑的孩子,可是自从上了高中,跟谁也不爱说话了。""当年是不上大学一辈子受穷,现在是上了大学马上就受穷"。浙江富裕小镇的教育状况同样堪忧。玉壶镇是浙江温州著名的侨乡,大部分玉壶镇的孩子都会在高中毕业前出国。玉壶中学初中有5个班,高三只剩下3个班,高三(2)班是唯一的文科班,高一时四十几个人,现在只剩18个人。这说明乡村社会的教育问题不仅仅是学位的问题,还有一些更深沉的问题。与此同时,京沪地区的家长不计血本投入。上海闸北八中校长刘京海说,上海复旦二中、上海师范附中、华东师大附中、交大附中它们的"一本"升学率都是90%以上,"这几个学校拼的是名牌大学升学率"。而在北京,几所最著名的市级重点中学之间,拼的已经是"北清率"(即考上北大和清华的比例)。

读书无用论何以在乡村社会抬头?这是一个复杂的问题。扩招前乡村社会对教育充满了美好的期待,读书人在乡村社会有着良好的美誉。扩招后,尽管上大学的比例提高了,但实际情况并不那么简单。我们来看四种人读书的命运:大致有两类,一是考上大学,考上大学又有两种情况,少数成功,大多数境遇一般,在激烈的竞争中，乡村社会出来的大学生，他们享有的竞争资本不够，只有学历资本，在社会关系资本以及个人综合素质资本上他们明显处于不利的地位。另一类是考不上，考不上的人总结起来打工是基本命运，但又有两种情况，一是早退学早打工早适应，反而是不上不下的最尴尬。

在乡村社会中没有考上大学的人，多读一年书和少读一年书，对于他们而言没有太大的意义。对于他们而言，带来的可能更多的是不成功的体验。乡村社会的成功与否与受教育程度没有必然的关系。读书越多而又没能走出乡村的年轻人，他们在乡村社会的生存能力还比不上那些读书少的同龄人。

与乡村少年上大学机会扩大相关的另一个问题是，由于高考应试教育实际上已经到了十分精细的程度，而乡村社会在应对这种精细化的考试的能力与准备显然无法跟城市学校相提并论，这直接导致扩招后乡村少年进入的大学主要集中在新升格的地方性院校，重点院校农村大学生的比率实际上在降低，大学生中的阶层差异是很明显的。扩招并没有给乡村社会带来实质性的改变，他们即使读了书后就业形势也是不乐观的，他们甚至还不如同龄打工者中稍微成功一点的人获得的回报多。

乡村文化的凋敝带来的乡村困境

韩少功在《乡里少年》一文中写了一个引人深思的故事：他曾经帮助这样一位乡村知识青年，从朋友单位淘汰的电脑中找出有用的配件，拼装了一台电脑送给了他，没有想到的是：这位大专毕业生并没有去学会打字、查找科学养殖的资料，而是用电脑看武打影碟，上网聊天寻友，异想天开地想在网上找到私彩中奖号码。就因为这一台电脑，他父母白白支付了更多的电费、上网费以及维修费，抢收稻谷时更不能指望儿子来帮上一手。这台电脑使他更有理由远离劳动和厌恶劳动,甚至对父母更多蔑视和冷漠,成天在屏幕上寻找安慰。奇怪的是,他的父母眼里反而增添了莫名的兴奋和欢喜。在他们看来,儿子不仅在城里学会了吃袋装零食和打手机,而且又通过电脑熟悉了张国荣一类名流,当然是更有出息了。他脾气越来越大,当然也更像一个人才了。

电脑作为现代文化的表征,进入乡村之后,效用是怎样的呢?也许我们想当然地认为它带来的是乡村新的文化与文明,但实际的情况远要复杂。当强势文化进入乡村社会,带来的究竟是什么?其直接后果是乡村文化以及相应乡村生存姿态与理念的贬值,带来的是像这位乡村朋友一样的对乡村生活的疏远、对末流时尚的简单臣服与置身乡村社会的无所事事,这难道就是我们给他带来的现代化?韩少功先生发出了这样的感慨:"我是否还应该庆幸有那么多乡下孩子终于失学或者辍学,没有都像他们的儿子一样进城读书?"

一位搞刑事侦察的朋友说过这样一件事:一位长沙市郊的初中女生被人杀死在学校围墙外,原以为很好找凶手,后来才发现,没这么简单,这个女孩有100多个网友,与其中20多个网友发生了性关系。究竟是什么杀死了这个女孩呢?置身传统乡村文化秩序之中,这个女孩也许可以平静地生活,但正是在其并没有足够的能力准备去应对一个信息化社会的时候,现代文明迅即进入她的生活世界,直接带来的是对现代文明表象的沉迷,从而导致个体生存的迷失。这表面上是一个个体性的事件,但它难道不跟我们今天社会的某些深层问题息息相关么?外来文化带给乡村社会的是他们对所谓新潮的趋之若鹜,抛弃自身所有的一切,急于投入到外来文化之中。所以,仔细思考,不管是谁杀死了她,其实都跟现代技术脱不了干系。在这个意义上,我们每个人都是共谋。我们有必要从文化层面上来看看乡村社会究竟发生了什么问题,那就是生命姿态的断裂和迷失。

今天,在整个社会生活急剧世俗化的背景下,求富裕成为乡村社会的根本目标，乡村社会的主导性价值目标迅速发生位移，这就直接导致传统乡村社会中值得珍视的东西的瓦解。财富就是一切，别的任何东西都可以放在一边，甚至生命，这直接导致乡村生存的压迫感与村民生存的艰难，这实际上成了乡村文化迅速瓦解的根源。青壮年劳力出去谋生，年长者在以经济为中心的乡村社会的边缘化，导致乡村文化主体的缺席及乡村社会的空心化，传统乡村文化渐渐远去，年幼的人得不到文化的滋润。我们曾经在乡村社会中受到多维的文化滋养都已经慢慢消逝，乡村社会失去它原有的内容。与此同时兴起的是买码、赌博、黑恶势力蔓延。传统乡村文化的虚化，外来流俗文化的冲击，导致乡村文化生活的反文化化。

进入市场经济，由于乡村社会的起点太低，能进入市场去比拼的只有有限的资源，这直接导致乡村自然的严重破坏、乡土在村民生活视野中的功用化与自然在乡村生活中的隐匿，村民生活在对外在文化的想象之中，把自己与乡村文化隔离起来。就是这些东西，曾经让我们拥有了无数个尽管贫穷但不乏美好、丰富的童年，乡村社会成了我们生命的根，我个人的每一点成长痕迹都离不开我生长的乡村的痕迹。今天，乡村少年虽然在乡村，但是并没有真正地融入乡村社会之中，自然没有成为他们成长的有效资源。

更深层次的问题是伦理价值理念的虚化。我曾经在《乡村的终结与乡村教育的文化缺失》一文中写到我老家的村里有位快九十岁的老婆婆听说还被媳妇推倒摔断了腿，又瞎了一只眼睛，别人还不能去看望她，她有几个儿子也都在相互的比对中只管自己，没有人去更多地关心。传统乡村文化价值已然瓦解，现代价值理念又无法真正深入，从而导致乡村生活伦理价值的虚化，利益本位、家族本位（实质上还是利益本位，以家族来维护个人的利益）成为乡村生活的基本价值取向。实际上现代法制体系有没有可能解决乡村社会的文化价值秩序问题，这很值得我们思考。

乡村教育问题的三个层面

目前乡村文化秩序遭遇的危机是多重的,综合起来,一是自然生态秩序的破坏;二是乡村文化秩序的瓦解;三是乡村公共生活的危机;四是乡村心态秩序的危机。这些问题的后果也许一时还看不出来,但只要我们稍微留心,就会发现,这些问题在眼下的直接受害者就是乡村孩子们,他们正在失去乡村社会对他们生命悉心、整体地呵护,尽管他们在物质层面上大都得到了更好的基本生活条件。但他们精神生活的贫困与从小就形成的生存的迷失也许会陪伴他们一生,而且还在继续蔓延。由此我们可以看出,乡村教育的问题并不是我们前面所说的条件的改善与学位的保障,尽管物质层面的问题同样非常关键。乡村教育的问题主要涉及三个层面:

一是权利的保障与机会的均等。一个小孩给打工的父亲写信说,今后自己要做国家干部、国家教师,一定不做国家农民。后来这个父亲写信骂他,只有国家干部、国家教师,哪里有什么国家农民?这里实际上提出了一个重要的问题,那就是如何保障每个乡村社会的个体以基本的国民待遇。保障每个人读书的权利是给每个人在社会中生存竞争提供起码的平等之可能。关注社会公平,还需要我们给处于不利地位的人以更多的补偿。最基本的层面当然是怎样保障教育机会的均等与基本的教育公平,在乡村教育的条件、就学保障等方面予以充分的考虑。

学位的保障只是提供了教育的基础,教育的根本问题是文化培育的问题,所以对乡村教育的关注必须上升到文化层面,拓展乡村教育的乡村文化视野,增进乡村教育与乡村生活之间的有机联系,扩大学校教育内容与乡村生活经验之间的融合。

第三则是怎样从乡村教育发生的根本点着手,全面寻求在作为教育之场域的乡村世界中,乡村少年精神与人格健全发展的根本出路,促进乡村少年在学校生活与乡村生活之间的和谐。单纯的物的引入,所带来的并不一定是孩子的健全发展,有时候甚至可能是相反的,如果我们没有给予他们相应的驾驭现代物质文明的内在意识与能力。

第一个层面是教育的形式层面,第二个层面是作为教育内容的乡村教育与乡村文化的融合层面,第三个层面则是作为文化与精神事件的乡村教育的本体层面。第一个层面是权利的;第二个层面是文化的,主要涉及与乡村生活相关的知识、技能与基本乡村情感的培育;第三个层面是人格精神的,主要涉及乡村少年生存的核心情感、态度、价值观。重新确立以乡村少年的健全发展作为乡村教育的根本目标,并把它视为我们考量乡村教育问题的核心与根本,这对于乡村教育的健全发展是至关重要的。

乡村文化建设与乡村教育文化视野的敞开

作为文化主体的标志就是具备自我生存与生长的能力,成熟的文化主体意味着具备基本的自信,能坦然接受自我存在的现实,同时认清自己的不足,找到自我发展的方向。与此同时,能对不同文化保持开放的姿态,包容他者,在此基础上具备适当的整合外来文化资源的意识与能力,在创造新我的同时实现对自己的不断超越,实现自我文化内涵的充实与文化价值的提升。乡村文化的重建,其核心就是要恢复乡村文化的起码的自信,重建乡村作为社会文化有机体存在的尊严,在此基础上才有可能重新发育乡村文化自身的增殖意识与能力。恢复乡村文化的自信其根本就是要给予村民社会个体置身乡村社会的基本存在的自信。

20多年前程琳演唱的《信天游》让人记忆犹新:"我低头向山沟/追逐流逝的岁月/风沙茫茫满山谷/不见我的童年/我抬头向青天/搜寻远去的从前/白云悠悠尽情地游/什么都没改变/大雁听过我的歌/

小河亲过我的脸/山丹丹花开花又落/一遍又一遍/大地留下我的梦/信天游带走我的情/天上星星一点点/思念到永远"。当乡村社会的一切建构着乡村少年年幼的生命世界的时候，乡村社会就与我们的一生发生了水乳交融的联系。

乡村文化的展开有三重内涵：一是乡村自然；二是乡村村民的自然生产与生存的方式；三是建立在乡村自然与村民自然生存方式之上的活动文化样式，包括民歌民谣、民间故事、口耳相传的白话传统、民间文艺、民间体育形式、乡情等。乡村文化孕育并传达了乡村社会的基本生命姿态和价值理念。乡村文化的核心正是这样一种生存的价值理念：善良、淳朴、亲情、基本善恶的分明等。

乡村文化在主流文化中基本处于遮蔽状态，我们的电视充满的要么是富豪与小资生活，要么是天马行空的古装戏和武侠剧，还包括部分弘扬主旋律的影视作品，真正显现乡村社会的文化价值，能切实引导当下村民生存姿态的影视作品十分少见。湖南卫视的"乡村发现"有较好的乡村文化意义，但也还可以进一步拓展，乡村视角不能仅仅是猎奇、新鲜，更重要的是引导、培育、建设一种文化的理念，真实地显现乡村文化的内涵，但这本身也是很难的。

乡村在中小学教材中也基本上是缺席的，乡村社会只是作为宏大历史主题的点缀，乡村自身的价值在我们的教材中基本阙如。当然，这并不意味着现行教材中就没有乡村文化显现的因素，只要用心发掘，还是可以找到相应的内容。清华大学附属小学窦桂梅老师在上《村居》这首古诗时就上出了乡村文化的幽深滋味："身居上饶老家的辛弃疾，原本'居安思危'，可看到村居这一切，敏感的他，或者说，猛烈地撞击了他深层次的精神向往，他多么希望所有的人都能够回到童年，像小儿那样无忧无虑，像壮年的大儿那样舒心地锄地……一句话，像他们那样自由舒展、安心、安逸！学生的学习成了点石成金，理解了'村居'就是'安居'，安居就能乐业之后，带着'安居乐业'一词中的'居'字,于此情此景中产生了'居危思安'的哲思——主题的解构由此进入更高的层次。"由"村居"到"安居"到"居危思安",村居自身的文化意味被充分地显示出来。

给乡村少年一个美好的童年:乡村教育能有与应有的基本关切

在一个文化几近荒芜的环境中,乡村教育需要挺身而出,成为乡村少年置身文化荒漠之中的精神绿洲。基本出发点就是培养乡村少年的自信心,对自我作为乡村少年与对乡村文化本身应有的自信。2007年1月,我们去湖南宁乡县南田坪乡中心小学调研,发现这里的老师做出了很多的努力,在乡村文化破碎的境遇之中,他们在尽力给孩子们营造完整而美好的精神空间。从那里得到的几篇小学三年级学生作文,让我对乡村教育的文化关怀的路径有了略微清晰的思考,也增强了我对改善乡村教育的信心。

湖南宁乡南田坪中心小学的学生们

路径之一：积极开展内外文化融合的活动。有位叫唐晶的学生这样写《一次开心的班队活动课》："今天的第六节课是班队活动课，我们这一次班队活动课的主题是'我最行'。第一个上台的是张可扬，他表演的是模特步，非常有趣，笑得我们大家合不拢嘴了。第二个上台的是刘技余和童辉，他们做俯卧撑。第三个上台的是'双星组合'，就是喻音和王音。第四个上台的是宋沛花和我，我们表演的是朗诵一篇文章，叫'繁星'，我读的时候，脚一直发抖，可我一直装做大方的样子，读完后，我坐到座位上时心跳得越来越快了，仿佛提到嗓子眼儿……到了最后，叶君玉模仿我唱歌，可有趣了。到了发奖品的时候，喻音得了最佳台风奖，丁慧珍得了最佳创意奖……而我没有得奖，觉得挺遗憾的，可这一次失败了，还有下一次，下一次我一定要拿奖。"小孩子的表演中透露出他们对文化多样性的追求，以及在文化的交融与创造中的积极的生命情趣，既有对外来时尚文化的模拟，又有别出心裁的创造，不自觉中就显现出了一个健全的文化主体的萌芽。我们的乡村学校就是要尽可能地通过内外文化融合的活动，让他既能感受外来文化的美好，又能体现在实践之中。

路径之二：引导孩子们去积极发现并感受乡村环境与生活中的美好。生活中不是缺少美，而是缺少发现，这句话对乡村社会同样适应。当我们避开功用化的思维方式，引导孩子们用自己的眼光去观察、发现、想象乡村世界，乡村世界美好的一面就自然会呈现出来。一位叫刘博毅的孩子这样写《家乡的羊肠小道》："我的家乡到处都是羊肠小道，一条条小道互相连接着，像我们家乡的血脉。在春天的时候，我们家乡的小道到处都长出了花儿、草儿，还有刚发出的小草；到了夏天，花儿争着谁美丽，一个比一个开得艳，小朋友们玩得也正有劲，小道爷爷成天笑哈哈的；秋天花儿病得发黄，小道爷爷很伤心，但有菊花妹妹来安慰小道爷爷；冬天花儿们都进入了梦乡,那是梅花姐姐唱着动听的歌。"作文的最后一句是"长相忆,最忆家乡的小道。"家乡的小道就这样以美妙的精神联系和作者的生命世界紧紧联系在一起,成为永恒的记忆。

路径之三:对外来文化的积极学习与主动接受。乡村孩子虽然见识不广,但他们同样拥有活跃的心智与对新鲜事物的敏感性。引导他们以健全的心态去面对外来文化,积极接受并融入他们活泼的生活世界之中,不仅可以拓展他们的文化视野,启迪现代文化意识,同时可以提高他们与时代的亲密度,提高他们生存的自信心。一位叫李宁的小朋友这样写《我最喜欢的一则广告》:"我给大家推销的产品是洗发露'雨洁',首先出现在我眼前的是大名鼎鼎的歌星——任贤齐,他背着乐器,手舞足蹈地唱起了一首优美悦耳的歌:'春天花会开,感觉自由又轻松,雨洁我最爱……'听了这首优美的歌曲,我一下子喜出望外,刚才的烦恼烟消云散。我特别喜欢'雨洁'这个品牌的洗发水,大家都来试试吧!"读着这样的文字,我们丝毫看不出乡下少年的伤感,以及他们与时代的落差。

路径之四:引导孩子们珍视个人乡村生活与成长的经历。经历本身就是一种成长的资源,一个人不管出身何方,其成长经历无疑都是人生的重要资源,乡村少年也不例外。李宁同学写他学骑自行车的经历:"记得我在五岁那年,我曾经成功过!那年,我垂头丧气地倚坐在窗边,傻呆呆地看着清澈的河水,突然,我看见我的好伙伴——杨柳青在兴致勃勃地骑自行车。我莫名其妙地想:我都已经有五岁了,为什么妈妈还是不让我骑自行车呢?于是,我兴冲冲地找到了妈妈,娇声娇气地对妈妈说:'妈妈呀,我可不可以学骑自行车呢?'妈妈二话没说就拒绝了我:'不行,不行。''我就是要学嘛。'我吵着说。经过我的苦苦哀求,妈妈终于答应教我了。妈妈先教我学会了踏车,然后再教我怎样坐稳,于是我按照妈妈的要求来做。每当我骑累了的时候,我就对自己说:'有志者事竟成,别着急，慢慢来，我一定能成功的！'经过我的刻苦练习，我终于学会了。我成功了，我终于成功了！"五岁时的成功喜悦可以不断地向后延伸，成为乡村孩子记忆中的感动。

路径之五：活化乡村少年的亲情，引导乡村少年珍爱那份朴实的乡村情感。有位学生写到乡村生活的这样一个细节："只有邻居家的'土锅'才能放下这'巨大'的猪头，也只有'土锅'才能炖出猪头的喜庆香味。"① 除了乡村生活中的风土人物，乡村人伦之情同样是重要的成长资源。兰天坪小学的叶样红写《我想对爸爸说》："爸爸，我想对你说的第一句话那就是：爸爸，您辛苦了！感谢多年来对女儿的关心和指导，您多年在广州打工，完全是为了我和弟弟，您辛苦了！您生活得比我们差，听妈妈说：您经常住在用布搭的棚子里，刮风时，您的棚子有可能都会吹倒。您有时在海上打钻，我提醒您要小心一点，有时一刮风，就会把船都吹翻。父爱深深，您做到了，我只能再深情地说一句：'爸爸，您辛苦了！'"父亲生活的艰辛在这里自然地转化成了女儿成长的动力，同时又进一步加强了父女之间的情感联系，这在孩子的幼小心灵空间无疑是刻下了深深的印记。

乡村生活中确实有着丰富的文化资源，只要引导适当，就可以转化成为乡村少年健全人格发育的重要资源。就目前而言，除了发掘乡土文化资源，一个重要的问题就是要在正视文化冲突中培育乡村少年的文化自信与生存自信，避免他们因人格的不成熟而误入歧途，树立他们正确的成长目标。目前出现的很多乡村问题少年，一个重要原因就是没有处理好这方面关系，让他们的人生过早地迷失在无根基的生存处境之中。

---

① 《农村真的变了吗》，见《我是农民的儿女——乡土叙事文本》，浙江教育出版社，2006年。

乡村教师：乡村教育的根本保障

乡村教育确实面临诸多问题，要彻底解决这些问题，短期内是不可能的。但其中有一个基本的着眼点，那就是教师。人才是解决乡村教育的根本，只有优秀的、富有责任感的教师才能给置身文化荒漠之中的乡村学校提供一片精神的绿洲。

对于乡村教师队伍建设而言，一方面是留住现有教师，让他们安心从事乡村教育，同时又能不断进步，适应乡村教育的需要。这意味着我们需要积极改善乡村学校条件，提高乡村教师的待遇；更重要的是，要提升乡村教师的事业感，让他们找到作为乡村教师的独特意义与价值，找到事业感和人生的归属感；第三是教师的素质与乡村教师的培训问题，这里不仅仅是简单输入现代教育教学理念，更重要的是引导他们如何认识乡村教育的独特性与乡村教师的文化责任。目前的课程改革对乡村教师的培训更多的是让乡村教师去贴近现代的教育文化，而不是立足于他们所置身的文化，这是有偏颇的。

与此同时，乡村教育还需要外来教师的支援。在一时不可能建立一支稳定的高素质的乡村教师队伍的前提下，社会支教体系的建立就显得意义重大。通过外来的优秀教师、文化人士等，给乡村少年一个短暂的机会，让他们感受不同的世界，从而给他们幽闭的生活世界一段美好的经历，也许可以在有意无意中敞开他们心灵世界重要的窗口，有时甚至可以改变某些乡村少年一生的命运。

当前，还有一个更重要的问题，那就是如何保障乡村教育的师资来源。目前，乡村教师短缺、青黄不接已经成为一个日渐凸现的重要问题，部分地区流传着这样的描述农村教育师资的话语：爷爷奶奶教小学，叔叔阿姨教初中，哥哥姐姐教高中。我们在高校扩招后，一方面大学生分配不出去，另一方面农村学校没人愿意去，适合于我国乡村特色的中等师范又"一刀切",于是就出现了前面所说的状况。在这种背景下,我们认为,部分恢复中等师范,不失为从根本上解决乡村教师来源问题、改善乡村教育的长远策略。在某种意义上可以说,乡村师范才是真正有中国特色的教育体系。

这里有一个重要的问题,那就是乡村教育到底需要怎样素质的师资。其实,在目前的情况下,乡村社会更需要的是学历并不一定高但素质较高的教师,他们具有基本的乡村情感,他们能用心从事乡村教师,他们才真正是乡村教育值得信赖的薪火。中等师范的"一刀切",实际上是截断了乡村教育师资的源头活水,所以,适当地保留、发展中等师范,采取必要的措施吸引比较优秀的乡村少年,一是给予学费上的优惠,免学费,并由政府提供适当的奖学金;二是提高师范教育水平,全面拓展师范生立足乡村社会所需要的文化意识和综合素养;三是改善乡村学校条件,提高乡村教师的待遇,这是一条适应当代中国农村社会需要的、真正具有中国特色的教育路径。相对稳定的、高素质的、富于爱心的师资,这是发展乡村教育、提升乡村文化,甚至实现整个乡村社会健康发展的重要保障。

面对乡村教育问题:从小事做起

我们究竟能在何种程度上解决乡村教育的问题?显然,这是一个十分复杂的问题。从长远而言,乡村教育无疑对乡村社会的发展具有重要的引导意义,但就短期而言,乡村教育同时也对乡村社会具有很强的依赖性,乡村社会的品质会直接制约乡村教育的品质。乡村教育自身不可能解决乡村教育的整体出路问题,乡村教育问题的整体解决有赖于教育制度的改善,整个社会文明的进步,以及乡村社会文明的整体建设。我们在关注乡村教育的同时,不应忘记乡村文化的整体建设,包括村民组织的建设、乡村图书馆的建设、传统乡村文化形式的发掘和引导等等,尽可能给乡村少年以积极健康的文化空间。

  由于积弊之深，以及诸多外在条件的制约，我们实际上很难真正从根子里去解决乡村教育的问题。但我们可以从细小的事情做起，捐一本好书，建一个小小图书室，给乡村少年讲一串故事，带他们一起欣赏一部适合他们的好电影……一点一滴去关注乡村文化与教育，一点一滴去改善乡村文化与教育的环境，日积月累，量变而质变，就可以逐渐成为改善乡村文化与教育精神脉象的积极力量。

  曾看过这样一个小故事，题目叫"这条小鱼在乎"：在一个暴风雨后的早晨，一名男子来到海边散步。他发现在海边沙滩的浅水洼里，有许多被昨夜的暴风雨卷上岸来的小鱼。小鱼被困在浅水洼里，回不了大海了——虽然大海近在咫尺。用不了多久，浅水洼里的水就会被沙粒吸干，被太阳蒸干，这些小鱼都会因晒干而死的。男子继续朝前走着。他忽然看见前面有一个小男孩，走得很慢，而且不停地在每一个水洼旁弯下腰去——他在捡起水洼里的小鱼，并且用力把它们扔回大海。这个男人忍不住走过去，好心劝道："孩子，这水洼里有几百几千条小鱼，你救不过来的。""我知道。"小男孩头也不抬地回答。"哦？那你为什么还在扔？谁在乎呢？""这条小鱼在乎！"男孩儿一边回答，一边拾起一条小鱼扔进大海。"这条在乎，这条也在乎！还有这一条、这一条、这一条……"

  也许，对于广阔的乡村社会而言，我们点滴的行动影响甚微，但对于我们的行动能改变的乡村少年个人而言，一就是一切，那么我们没有理由不从一点一滴做起，从小事做起，没有理由不对乡村文化与教育抱持乐观的期待与良好的信心。对于整个乡村社会的发展而言，也许我们个人的努力终究只是蚍蜉撼大树，但也正是无数个人点滴努力的累积，推动着我们社会的文明与进步。

  面对乡村社会与乡村教育，让我们学着特蕾莎修女所说的，怀着一颗伟大的心做细小的事情。

附录：

乡村生活方式的重建与乡村少年发展的另一种可能

偶然在电视上看到农民安金磊的报道，突然眼前一亮，赶紧把他的名字记下，到网上搜索。安金磊曾经是国营农场的农业技术员。在工作期间因为看到常规农作方法对土地造成很大的伤害，便开始自己研究学习可持续的农业发展道路。因为他的想法后来和农场的发展方向很不一样，就辞掉了工作，回到河北老家，承包了50亩地，开始潜心实践"顺应自然、合其天性"的农作法。他种庄稼，不打农药、不施化肥、不杀虫。每年他给大地三个月的休耕期，放任野草疯长、小虫繁衍、鸟类栖息，这是为了涵养地力。他和妻子腾出4亩地种谷子，专门喂养麻雀，每到收获季节，便有上千只麻雀从四面八方赶来。他每天检查土壤，经常闭上眼睛，听虫子唱歌，以此判断土地是否健康。安金磊进行可持续耕作至今已有十一年，他从传统农作法中得到很多启示，理论与实践经验都很丰富，对农民、农村问题也有很多自己独到的想法，对土地、作物都有深厚的感情。他种出的东西都非常健康，与周围深受病虫害困扰的农田形成鲜明的对比。

安金磊的生活史提供了当下乡村社会与乡村少年发展的另一种可能性，一种在乡村大地上创造丰盈的生命价值的存在方式。安金磊的生存方式在当今时代体现出来的重要价值主要有：（1）对土地的虔诚的依恋与热爱。他在自己的土地上从未施用过化肥、从未打过农药，他对土地、对自然的理解非常特别，他认为庄稼、土地、飞鸟、昆虫这些都有自己的生存权，是和谐共存的生物链。他把扔弃的农药口袋捡起来带走，并告诉农民："这么肥沃的土地，她能让我们有足够的粮食吃，让我们有衣穿，最好不要这样对待她。这些农药我们人闻起来都难受,土地也一样难受。"① 他还说:"土地是属于自然的,不能光为了我们服务。"他经常让土地轮流"休息",不愿意过多地向土地索取。(2)乡村劳动的价值。从1993年承包土地开始,安金磊和妻子就开始用最传统的农业耕作法来打理他们的土地,他对农田毫不厌倦,反而充满新鲜感,喜欢成天呆在地里干活,用最原始的耕种工具和耕作方法,付出的劳动比别的农人多得多。(3)简单朴素的生活方式。他追求的生活是"能吃饱,有衣穿就满足了",不要去追求更多,从土地上得到的越多,大地受到的伤害越多。他吃的粮食蔬菜全部是自己家种的,除了必要的调味品,基本上不用花钱。日常用品方面更简单,衣服很多是城里朋友穿旧的,洗衣粉、洗洁精那些都不用。② (4)对现代城市文明的少有的清醒与必要的抵抗。他从不使用农业自动化机械,也不相信所谓的农业科学。他甚至这样说:"要是没有工厂,人人都分一小块地,大家都在田地里劳作,那么我们的生活多健康,我们的地球也就健康了。"

安金磊不仅成功地敞开了乡村社会发展与乡村生活重建的价值基础,那就是土地,新乡村生活的可能性都建立在对土地的尊重之上,依自然而劳作、简单而健康的生活、在适度抵制城市文明的过程中保持乡村生活对历史与文明的开放性,从而保持乡村生活单纯而不失丰富的品性。更重要的是,他实际上是在被现代性围裹的虚华、浮躁的生活方式之中,在土地被功用化遮蔽的时代里重新敞开了土地的生命意义,为在现代化漂泊中的每个人敞开了另一种生活的根基。对大地的依恋不仅仅属于乡村社会,同样属于整个现代社

---

① 邓晓洪:《安金磊:既知道吃饭重要 更懂得善待土地的农民》。
② 王恺:《安金磊:最不像农民的地道农民》,《济南时报》2007年12月23日。

会，是我们每个人的价值根基。在这个意义上，安金磊实际上是在现代化的边缘给出了另一种生活方式的可能性，一种耕读结合的、乡村自然与乡村人文结合的、人与自然和谐共在的生活方式。

安金磊的努力表达了一种在城市文明的技术扩张中重建相对独立的乡村生活的可能性，乡村不是作为城市文明的简单延伸，使用城市提供的科学技术产品，为城市提供农业产品和劳动力资源，乡村同样可以是在现代文明的背景中自然、和谐、富足的生活场域。安金磊不仅敞开了乡村社会的价值和乡村文化重建的可能性，同样也敞开了乡村少年发展的另一种可能性，一种立足乡土社会、创造乡村文明的、引领乡村健康生活方式的、非依附性发展的可能性。

当然，在强势的现代化、技术崇拜、物质扩张的背景下，安金磊们的努力乃是微茫的，蚍蜉难以撼动大树，但他们毕竟孕育、开启了另一种可能性，孕育了一线亮光，一线在以城市化为中心的现代化背景下重建乡村文明、乡村生活方式的希望之光。

（前天在电视上看到安金磊的故事，深受启发，本想作为本文的一部分，感觉还是不大连贯，权作本文的补充。2008年1月6日补记）

徜徉在乡村自然与乡土人文之间
——一位乡村少年成长史的现象学解读

个人如何介入自我成长的反思，怎样在个人成长的具体事实之中，显现自我成长的内在结构，这是一种现象学的思考方式。所谓成长的内在结构，那就是把成长中可见的形态用括号括起来，把它们一一排除开来，在排除这些可见的事实形态之后，剩下的是原初性结构。对个体成长的内在结构的探询，也就是要把构成事物之为事物的原初结构显现出来。原初的结构是一种"涌出"，我们所亲历的事物的生成乃始自事物原初结构的涌现。原初的结构在现实中是看不到的，它可以在逻辑、想象中出现。当我们试图去追问作为一个乡村少年成长的历程时，就是要显现乡村少年成长过程中在个人与乡村自然、乡土人文相遇过程中的原初结构。我们的经验看到的是个人成长史外在的表现，现象学的思考就是要让我们把握个人成长的内在的、构成个体当下之为当下的初始性的结构。当一个人表现出热情、活泼或忧伤、怨恨，那么当下的他总是他的生命形态的内在的、原初的显现，也就是一种存在的"绽放"。现象学的方式所关注的，就是那构成当下的、可见的生命形态之原初的结构。

我的成长史

我是一个地地道道的乡村少年，1969年出生在湖南桃江县一个偏僻的小山村。在我的印象中，第一次看世界是很小的时候，母亲带着我到临近的汉寿崔家桥镇去卖生姜，看到柏油马路，车来车往，一个神秘而好奇的世界由此在心中展开。后来，有一年，我和几个表兄弟在端午节去三堂街镇看龙舟赛，资江河的两岸站满了人，真是好热闹的场景。那时候最喜欢看两个龙舟争起来，岸上的吆喝声声，还会有鞭炮响起。那次看龙舟赛，让我平生第一次感到世界的丰富。

1983年初中毕业，考上益阳师范学校，到县城去面试，住在县委招待所。当时带我去的是一位很老的、非常受学生和乡里人尊敬的高志彬老师。我是以513分考进去的，比第二名多了100多分，那时候还有人称我是山村里飞出的金凤凰。现在还记得面试我的老师，也就是后来的班主任彭宽心，很严肃的，对我而言是一个充满了神秘感和敬畏感的人，仿佛是个人走向外在世界的窗口，一个充满着陌生与神秘的窗口。初到县城的第二个印象是招待所的饭菜真好吃。第三件事则是回家时在新华书店买了一本简体字的《古文观止》，这是我第一次见到如此大的书店。怀揣着厚厚的《古文观止》，心中有一种漫溢出来的、暗暗的高兴，这本书实际上也是我独自走向书的世界的一个起点。

后来是到益阳师范读书的三年。在赫山庙与梓山水库之间，无数次的行走，往来其中。除了读书，印象最深刻的两件事，一是散步，二是逛书店，益阳县的新华书店。周末的两个活动，先是每人发票去电影院看电影，回来后是集体看电视。最初看的电视连续剧是《霍元甲》，大家簇拥在一起，简直是盛况。

|乡土的逃离与回归：乡村教育的人文重建|

1986年师范毕业，回到家乡的乡中学教初中。1987年，堂兄第一次带我来长沙，印象深的是去了两个地方，一是拜访了湖南文艺出版社的编辑龚湘海老师，表达自己热切的诗歌学习意向；二是到袁家岭新华书店，见到了更大的书店，买了一本《台湾现代诗选》（春风文艺出版社，1987），其中有我非常喜欢的余光中的诗歌。

我人生的另外一个转折点是1990年从在职教师中招生，我成功地考进湖南师范大学教育系。这确实是很重要的一步，没有这一步，我充其量就是乡村里比较优秀的初中教师。之后的求学生涯就一路顺利，从本科毕业到留校任教，1994年一个人的到山东参加全国德育基本理论的年会，慢慢地开始在更大的世界中闯荡，在现代的城市里一步步扎下根来，一步步走向以学术为业的人生路。

与此同时，乡村少年的身份，或者说乡村少年的印记，实际上就以潜在或显在的方式进入当下的生命结构之中，使得我的读书、思考、写作和为人处世，都不可避免地带有一种乡村少年的痕迹。也正因为如此，厘清乡村少年的身份对当下的关系，进而把握个人生命史的内在结构，在显现自我的同时显现我所经历的年代中乡村少年成长的心路历程，实际上也是在显现一个时代，一种乡村教育的意蕴。那么，对自我生存结构的反思就不仅仅是属于个人的，同时是属于孕育我的那个乡村，甚至属于乡村本身，以及一个正在一点点逝去的时代。

与自然的交往

乡村少年的成长，一个最重要的特点就是始自自然，乡村少年的生命世界都是在自然中展开的，与自然的交往乃是乡村少年的生命地基。

家乡的小山村，虽然贫穷，但仍然是快乐的，这种童年的欢乐，重要的来源是与自然的交往。在我的记忆中，构成乡村自然世界的，除了美丽的田野、山冈、池塘，天上有一年四季飞翔在乡村山野的鸟，春天的燕子、夏日的喜鹊，秋天的大雁，冬天也有稀少的乌鸦，不同的鸟类变换着在童年的天空轮番出现，还有成群的麻雀，印象中一年四季都有，一下子飞到这里，一下子飞到那里，就像是乡村理所当然的成员。那时候的麻雀真多。地上跑的除了鸡、鸭、牛，还有满地的青蛙，还有夏天农忙时节不时窜出的黄鼠狼。还有二三月春分时节，遍野的油菜花和满山的映山红，以及秋下稻谷的金黄，金黄色构成了我童年乡村的基本颜色。这一切都构成了乡村自然的真实记忆。

最喜欢的还是水。记得很小的时候去外婆家，村口有一道大水渠，我总是不走岸上的路，喜欢在水里走，特别喜欢在水中跑，水带给我童年一种温馨的记忆。还清楚地记得有一次，有人在水沟里淘金，挖了一个坑，我一下子掉进了坑里，母亲赶紧把我救出来。可惜现在没有人走了，那水渠早已在不断的淘沙中呈现出一副破败的样子。还有田边的小水沟，我们经常去玩耍，捞虾子，挖泥鳅。有一次，我和妹妹到家田边的小水沟，把流水隔断之后，一点一点，把稀泥扒开，一条条捉，捉了好多。那种喜悦，浸润了整个童年。

与自然的初始的交往带给我生命最初的富足，这种富足无关功利，而直接指向一种内心的充实和喜悦。与自然的交往是生命的起点，或者说是地平线，在这地平线之上，所展开的是各种各样的生活样式。

爱与乡村情感的润泽

建构着乡村少年生命样式的，大致有四个方面的内容，第一就是爱与乡村情感的启蒙。爱是一个沉重的字眼，我从小就特别受到父母，尤其是母亲的疼爱，可能家里只有我和妹妹，小孩比较少，得到的爱也更多。在我童年的生命中，始终感觉到和母亲的爱难以割舍,所以不管一个人走到哪里,始终感觉到母亲的注视就在身边,这是一种真实的情感。这种爱既成就了自己的爱心,当然也在一定程度上使我不能够从容地走出这种对母亲依恋的局限,从而束缚了自己发展的空间。

当然母爱只是乡村情感最重要的部分,也包括爷爷奶奶、父亲的亲情,还有来自乡村邻居、周围人的人伦之爱,实际上都是重要的生命资源。回望村民社会,我们可以看到这其中也有很多市侩的精神气息,比如说斤斤计较、婆婆妈妈,以及因为贫穷带来的无休止的争吵。但我所经历的乡村社会,确实更多地保留着一种纯朴的感情和发自内心的友爱。

作为代表的是罗爹。我曾经就罗爹写过一篇小文章,表达我记忆深处的感动与感激。文中写道:"在我的记忆中,罗爹一直就是一个驼背的老爹爹。罗爹待人很好,待我更加好。因为我打小时候就会读书,所以更受罗爹的亲昵,每次上学都要从罗爹家旁边走过,便经常遇见罗爹。每次见到我时总是笑容满面,充满了无限的慈爱,还总会在我走过去后,自言自语或者向旁边的熟人随意地夸奖我,这是个乖伢子,聪明、会读书的好伢子,今后肯定有出息的。我几乎就是听着罗爹的夸奖、感受着罗爹的慈祥与关爱读完小学和初中的,只有初一一个学期我是在乡中学读的,那时叫公社中学。"可以说,我就是在罗爹的赞誉声中一点点长大的。

对我常常表示赞誉的不止是罗爹,还有两个见面就夸我的,一个是我的远房舅舅,一个是叔外婆。我每次去舅舅家,他们一见到我,就开始夸我,说这孩子又乖(老实)又会读书。这种纯朴的来自村民社会邻里之间的爱,对于我的乡村情感的启蒙实际上是非常重要的。我现在的心灵世界的品质,很大程度得益于这种爱和乡村情感的启蒙。谦逊、朴素、富于爱心,这是乡村情感的孕育直接注入我生命中留下的种子。因为他们的赞誉实际上传递着乡村社会对

| 徜徉在乡村自然与乡土人文之间 |

罗爹已逝,只留下孤零零的小屋。当年我就是从旁边的小路去上学,并无数次地遭遇罗爹热情的问候

谦逊、诚实、聪明好学等品质的一种褒扬,或者说乡村价值的一种内在追求。这其中传达的还有,朴素的乡村情感中有一种对乡村中的他者生命世界的无遮拦的,甚至是自然而然的关怀。

乡村劳作

乡村劳作对我成长的影响同样是至深的。每到农忙时节,父母每天很早就起床出去劳动,大概五点钟左右,天刚蒙蒙亮,我们往往都还在睡梦中。那时候叫做早工,要先出了一个工再回来吃早餐。繁忙时节,每天很晚回来,吃了饭还要出晚工。早工一般是割稻子,晚上一般是扯秧。村民往往有这样的习惯,一般是大年初一总要到地里挖几锄头,表明要开个好头。农闲时节就积肥,准备来年的肥料,当然现在这种自然的生产方式已经慢慢地被农药、化肥所代替,所以今天的农业在悄悄地发生变化,农村也在悄悄地发生变化。农村正在成为城市的延伸，这种自然的农作方式正在慢慢地被工业化渗透，农村很多劳动的性质在悄悄地改变。我的父老乡亲们就这么一年从初一到年三十，不停地在乡间田野上劳作着。

对农村劳作的感受不仅仅是来自父母乡亲，同样来自自己的亲身体会。我记得我的第一次下田劳动是在八九岁，到田里扯秧。刚刚学扯秧，往往放在手上参差不齐，所以需要父母手把手地教，我的乡村田野劳动由此开始。后面就逐渐在农忙时节做我们这个年龄段的孩子们所能做的事情，比如给大人递送割好的稻子，拾稻穗，挑稻草，割牛草。我现在都还清楚地记得伙伴们争先恐后地在水田里来往递割好的稻穗，常常在大人们的鼓劲声中叫着、喊着，把水踩得老高，好不热闹。还有一队队少年，挑着稻草，在山坡上歇脚，吹着凉风，说不出的高兴。

除了这些活动，还有学校里组织的捡茶籽、采茶叶，到中学读书时的挑煤。在公社中学读书，有一次，一个老师要我们几个同学帮他挑瓦，很大的瓦。我挑了两三块走了几十里路，途中要爬一座山，我现在还清楚地记得在爬上山最后几步时几乎是跪着爬上去的，那是对劳动刻骨铭心的感受。还有一次，我埋着头割禾，都快虚脱了，后来喝了些盐水，才慢慢回复过来。这是关于劳作的记忆，这些让人贴近自然、贴近大地的劳作，作为乡村少年成长的重要内容，让我们更真实地生活在乡村，生活在人与自然、与大地的互动之中。

乡村劳动很累，但带给我的童年的记忆更多的是愉快和欢乐。我对吃苦的认同，对劳动和做苦力的人的尊重都来源于此。我现在都还很清楚地记得我和妹妹在黄瓜快要淡出季节的时候，抬着一篮子黄瓜到临近的三和乡集市上去卖。那时黄瓜大概三四分钱一斤，卖了一块多钱，然后再买几个热腾腾的包子，高兴极了，因为我小时候最喜欢吃包子，但实际上一年难得吃两回包子。有时把黄瓜抬过去，饭店里的人还会挑剔一下。现在那个饭店已经不在了，但那时却给我留下了许多香甜的回忆，就因为可以吃上难得的包子。

伙伴与游戏

第三个重要的因素是伙伴和游戏。想起童年，童年的那些伙伴自然地涌上心头，我们一群年龄相仿的小孩结成的乡村伙伴一路长大。我的童年的世界，在很大程度上，就是由童年伙伴的活泼交往所构成的世界。伙伴们在一起有共同的劳动，包括前面所说的割禾、挑稻草、递稻子、放羊、捡茶籽等等。伙伴们在一起更多的是游戏，我童年最喜欢的活动是打牌，经常在农忙中趁劳动的间隙，几个朋友偷偷地找个地方打牌，更多的是在放学回家的山路上，几个人在地上随意而坐，先打一轮牌再回来。我小时候对打牌的痴迷，现在回想起来简直不可思议。

除了打牌还有游泳，我清楚地记得有一次到村里的池塘，从山里走下来，赤条条地跳下去。池塘里也有一个坑，我不小心落进坑里，好在自己很快挣扎着爬了上来，这是一种刻骨铭心的溺水记忆。伙伴们都没留意到，我是凭着本能从坑里爬出来的。有一次我们一起去钓青蛙，钩一挥起来，钩住了另一个伙伴的手。还有在晒谷场骑单车，其中好友尚书就从山坡上摔下去了，好像摔伤了，只是不知是否去了医院。童年伙伴的玩耍充满了欢乐、野性、野趣，也有过度顽皮的时候。对面邻居的小孩，叫雨开的，那时候大概十一二岁，就是在村里头的水库淹死的，是带着弟弟钓鱼，去追一条往深水处游走的鱼而淹死的。

有一个成语叫做"呼朋引伴"，这可以说是我们小时候乡村伙伴生活最生动的描述。节假日，只要外面有两个伙伴头喊，马上各家的小孩就出来了。今天在这家，明天去那家；今天在村口，明天在村里。除了打牌，还有自制玩具火炮枪、弹弓等，当然还有打麻雀的尝试，虽然有不爱护鸟类的嫌疑，但好像成功的比较少，主要还

81

是玩乐的趣味。在成人的生活世界之外，我们俨然有一个自在的儿童生活世界，往来穿梭于乡村的每个角落，可以说一山一水都留下了生动而亲切的记忆，在其中尽情释放我们童年的天性。

随着读书量的攀升，我越来越老老实实，已经完全背离了年少时生命之中的野性与烂漫的生命气象。小时候的我其实是很顽皮的，现在一点也不像小时候的我。有次到外婆家，和一个朋友玩，在瓦棚里生火，用一个箩筐盖上。入冬的干草和枯干的箩筐很快就烧起来，越烧越大，很快就烧到瓦棚上。我马上跑到外婆家，把火柴扔到茅坑里。外面有很多人喊救火，心里面有些许惶恐，但最终还是在大人的宽容中销声匿迹。仔细回想起来，对孩子天性中的某种野性予以必要的宽容，实际上是一个孩子健康成长的重要因素。我们就这样在乡亲们的注视中，在天地之间，在偶尔的错误尝试中慢慢成长。这就是伙伴和游戏建构起来的乡村童年记忆。

故事、书籍与对乡村知识人的亲近

故事、书籍与对乡村知识人的亲近，无疑是我个人成长中最重要的因素。每一个人的成长都有自己的机缘，回顾我的童年，之所以童年的记忆是丰盈的，除了自然、爱、劳动、伙伴，还有故事和书籍。

村里有一个老人，叫福爹，他是我小时候最盼望的明星，每次他到我家来，几乎就是我的节日，因为他总是给我带来讲不完的故事。他的故事大都是民间传奇，比如说唐，以及他走南闯北的各种记忆，这带给我对世界的无尽的好奇和想象，让我感受到这个世界的神奇与变幻莫测。记不清多少个夜晚，在油灯下、冬天的烤火坑旁，我静静地聆听着福爹一个又一个地讲述着各种故事，眼里充满着对这位慈祥的老人的敬意。福爹讲的故事一类是民间的各种希奇古怪的故事，还有一类应该是说唐、杨家将的故事。民间故事我已经不记得了,说唐和杨家将的故事我还依稀记得。不知道福爷的故事是从哪里来的,我只知道,只要跟他在一起,就总会有新故事汩汩而来,总让我对他的到来充满期待。现在的福爷已经苍老了,耳朵也听不见了。每次回家去看他时,我们之间的对话也很难展开。我只有默默地注视,注视他满脸的皱纹里所映照的我生命的过去。

另一位充当我的偶像的,是甫哥,他是那时我们队上唯一的高中生,属于队里知识渊博的那种。他给我们带来的是另一种故事,主要讲的是三国、水浒,还有红楼梦。如果说福爷的故事主要来自民间口耳相传,甫哥的故事主要来自书本,甫哥就是我那时心中的读书人。我们集体劳动时最喜欢他带队,我们总是很听话,因为他总是用没完没了的故事陪伴我们劳动的时光。

让年少的我印象很深的乡村知识人是钟炳南老师,他应该是属于那个世界里真正的读书之人,可以说他直接影响着我童年精神生活的方向。我和他最初的交往大约开始在我小学时到我们区里面参加一个作文比赛。他那时读高中,我和他一起去,要过一条小河,涨水了,他背我过河。后来他考上了益阳师范,送给我一本书,大概是《中学生作文选》,那是我第一次收到的课本之外的书籍。后来他毕业回家教书,我经常去拜访他,他家的书柜就成了我非常向往的地方。每次到他家,把我带进卧房的书柜旁,我都会有一种油然而生的神圣与敬畏感,那其中既有对作为知识人的炳南老师的敬畏,也有对更高的知识世界的敬畏与期待。我就是在那里接触到了大量的现代诗歌、小说,比如《诗刊》、《星星诗刊》,还有《读者文摘》(现在更名为《读者》),还有罗曼·罗兰的《约翰·克利斯朵夫》。他每每读到什么好的诗歌,都会跟我分享,我后来的诗歌爱好和阅读兴趣,很大程度上归功于他的引导和帮助。

我读到的第一本小说大概是在小学五年级的时候,村里的端午哥从大队小学(现在叫做村小学)带给我一本小说《武陵山下》,是讲抗日战争的。小时候特别喜欢抗战、英雄，看得我心潮澎湃。小学毕业时，好友尚书从他舅舅那里借回来一套《三国演义》，我就在那个暑假里读完了《三国演义》。读初中的时候，另外一个年长一点的朋友刘雨华，他托我的一个同学，也就是他弟弟刘小华送了我一套繁体字版的《古文观止》，上下两本。我就是从那里开始背诵王勃的《滕王阁序》。如果说钟炳南老师送给我的作文选是我兴趣的开始，那么刘雨华兄送给我的《古文观止》则打开了我对语文世界的好奇以及仰慕，特别是看到课文中的某些段落在这本书上可以找到，心情更是格外的激动。我读中师时，就开始大量阅读，从《笑面人》到雨果的小说，到中国的现代小说，以及大量的现代诗歌。后来我回乡中学教书，我们乡里办了一个万册图书室，那是我经常光顾的地方，可惜很快这图书室就倒闭了，不过幸运的是，我从那里通过熟人拿到了四卷本的《约翰·克利斯朵夫》。遗憾的是，这四卷本的书被我的一个朋友拿走了，我只好自己买了一套，作为珍藏。

尽管那个时候的阅读是囫囵吞枣，但或深或浅的都会在我的生命中，在乡村少年成长的道路上留下淡淡的痕迹，这种影响是潜移默化的。阅读改变生活，阅读改变生命的品质，也正是阅读，极大地扩大、丰富和提升了一个乡村少年的心灵世界。

乡村少年成长的内在结构

乡村的一切哺育着我，我的性格有阳光的一面，喜欢读书，勤于思考，乐于与同伴交往，谦逊、质朴、富于爱心和同情心，这实际上都是个人周遭的自然与生命世界一点一点影响、渗透的结果。正直、内心的丰富与温热、对知识的喜爱，作为一种成长中的动姿向着我其后的生命时光延展开来。人生的发展是一种势，是一种年少时逐渐形成的发展的动姿，就好比滚雪球，最初的生命的姿态往往影响着此后的方向，一个人最初的人生经历就形塑着个体人生基本的生命样式。正如柏拉图所说:"无论如何,一个人最初的教育,往往决定着以后发展的方向。"正因为如此,从我的成长历程中理析出作为个人成长的内在结构,实际上也就是在探问我所亲历的乡村教育与那个年代的乡村少年成长的内在结构。

就个人亲历的乡村成长历程而言,现象学的还原有双重视角,一种是外在的,一种是内在的,或者说,一种是立足于乡村社会,一种是立足于乡村少年发展本身。从乡村社会的视角而言,我们要揭示乡村社会到底能够提供个人什么样的成长资源;就乡村少年而言,我们要思考的是乡村少年个体成长的内在基本结构是什么,也就是构成乡村少年成长特质的不可替代的内在结构是什么。从前面的叙述中我们可以发现,构成乡村基本生活的内容是乡村自然、乡村情感、乡村劳作和乡村文化,正是这四者与乡村少年的相遇,扩展着乡村少年的生命世界,也使得乡村社会的教育资源生动地显现在乡村少年的生命世界之中。

自然与劳作实际上建构了乡村少年生命的底色,换言之,就决定了乡村少年的生命形态与自然的亲缘性。这里的自然是双重意义的:一是原初的大自然,我们与原初自然的亲缘性指涉我们跟自然的无隔,所以拥有乡村少年身份的我等,无论走到哪里的山川大地,都能够进入这种与自然的亲缘状态当中;第二是生命的自然形态,也就是在乡村自然的生命圈中所获得的一种更接近自然的生命基础样式,让我们能更多地感受到生命的本质和生命的原初意义,从而把自我认同于乡村社会的价值基础,让我们的生命样式更贴近自然。

乡村之爱决定生命的温度,一种基于亲缘的人伦之爱,渗透到乡村少年的生命之中,使我个人的生命空间一开始就具有了一种浓郁的血肉温情。朴素的爱让人充满感激,让人把眼光投向周遭的世界,让我们的生命结构中拥有爱的品质,这就是外缘性的爱的内置,成为个人生命之中的内在结构。

心智的开启决定了生命的亮度，这是由故事、书籍、乡村知识人的启蒙所开启的乡村少年的心智世界，所以乡村少年的启蒙实际上跟城市社会的儿童拥有不同的内容。乡村少年的启蒙更充满感性，富于想象，换言之，更多地打开的是一个人与自然亲缘的想象世界。实际上，我今天的思考品质就得益于年少时所开启的乡村少年的想象世界。

正是以自然为底色，以爱为基础，以心智的开启为基本内容，使作为乡村少年的我拥有一个相对和谐而富足的生命世界。由此也可以看出，构成乡村社会成长资源的基本结构就是三个，一是以自然和劳作为基础的乡村自然生态，二是以爱和乡村情感为基础的人际生态，三是以故事、书籍和乡村知识人为基础的文化生态。这三层生态的和谐和富足，给乡村少年的发展提供源源不断的精神资源。相反，也正是以这三个生态的破坏，导致乡村少年成长资源的衰竭。

我们再来看乡村少年成长的内在基本结构，那就是自然的底色、爱的胸怀和求知的意向，乡村少年的发展正是在三者的基础上一步步展开其成长的轨迹，也正是以这三个要素为基础，乡村少年才可能在本土之中获得个人健康、充沛而富足的发展。当然，作为乡村少年的我们也需要进入他乡，进入他者文化世界之中，进入现代化的文化谱系之中，但人与自然的亲缘性、朴素的爱的情感、求知的意向将始终作为我们生命的内在基本结构，而陪伴在我们的生命历程之中。相反，也正是因为这种原初性的生命结构的破坏，导致乡村少年生命发展的失衡。

面对当下乡村少年的生命境遇

当然，作为乡村少年的我的生命中，也不乏消极的痕迹，比如说忧郁、优柔寡断，现代生活的视野相对褊狭，在生活中不能决断自如，缺少一种必要的傲气和自信心，还有在文娱体育上的素质有所欠缺，甚至包括乡村少年长期形成的所谓土气，在一定程度上都是我进入当下生活中无法摆脱的牵绊。不管怎样，这就是作为个人的我长期在乡村世界里摸爬滚打所形塑出来的生命样式，我深深地感谢我曾经在乡村世界中拥有的一切。正如我们常说的，忘记过去就意味着背叛。今天的我是无法抹去乡村少年时代所留下的印记，或者是选择好的，抹去不好的，生命中的很多东西都是根深蒂固的，一旦形成，就不可能重新开始。

正因为如此，我们在反思过去，反思乡村教育，反思乡村少年成长的资源时，不能过于理想化，从而陷入一种简单的、怀旧的情怀，我们需要撇开个人的情感偏好，实事求是地显现乡村教育的内在意蕴。回味过去，并不是为我所寄寓其中的乡村社会与乡村教育唱"无可奈何花落去"的挽歌，而是为了正视今天，正视当下乡村少年的生命境遇，去追问他们今天的生命结构中遭遇的因素，哪些还在延续过去，哪些已经改变，这种延续和改变意味着什么，他们究竟拥有何种生命质态，构成他们当下生命形态之中的要素是哪些，他们是否遭遇着某种生命的亏空？

今天，从前对我无限关怀的罗爹早已去世；讲故事的福爹已在小山村的角落里垂垂老矣，不再有人听他那老去的白话；讲水浒、三国的甫哥困于生计，同样早已没有了当年的听众；钟炳南师已移居县城，他原来的书房我多年没去过了，估计早已零落，村里的小孩已经很难可能再重新接受到炳南师或者如他那样的知识人的呵护了。当我频频回顾曾经属于我的乡村世界，发现天上飞的、地上跑的、田里叫的，已经踪迹了了，连原来成群结队的麻雀也已日渐稀少，乡村自然遭遇了前所未有的破坏。乡村年轻劳动力外出谋生，乡村社会早已呈现出空心化的态势，乡村的人际生态、人情生态也随之在经济社会中的冲击下纷纷瓦解。民间故事、民间文化随着年长一代的故去以及年轻一代谋生的忙碌中消逝，乡村少年也因为乡村社会的无序化、原子化生存状态而伙伴稀疏，乡村知识人也因为对乡村社会的逃离与生计的挤压而失去了作为乡村知识人的身份，渐渐缺席于乡村少年成长的精神世界，乡村文化呈现出空前的荒漠化。我的乡村虽然还是那个乡村，但早已不是我儿时的乡村。

当乡村自然生态在衰败，乡村人际生态在塌陷，乡村文化生态更是破漏不堪，乡村社会在现代化与城市化的逼迫中一点一点地走向衰败，名存实亡，乡村越来越成为空洞的、没有内容的符号，乡村社会所能提供的成长资源实际上也是越来越少。在这种背景下，实际上乡村学校所能起到的补偿作用是非常有限的。正因为如此，乡村少年发展的原有结构的塌陷就是不可避免的。关键在于，他们是否拥有替代性的发展结构，还是出现越来越大的生命资源的亏空？在这种背景之下，直面当下乡村少年的生命境遇，关切乡村少年的健康发展，难道不是一个十分紧要而迫在眉睫的问题？

2007年10月26日课堂讲演记录，31日整理成文。

生命自然善好的守护：
触摸乡村教育的哲学意蕴
——以电影《草房子》为例

《草房子》故事梗概

一九六二年的一天早晨，一个文弱沉默的女孩儿在白发苍苍的外婆带领下，怯怯地走进了油麻地小学那一片黄灿灿的草房子，也第一次走进了桑桑的视野——她们是来找桑桑的爸爸，即校长桑乔，想把女孩儿转到油麻地小学读书。桑乔答应下来，从此，桑桑班上有了个名叫纸月的新同学。纸月的到来，一开始就伴随着她的身世之谜，人们只知道她母亲，她的父亲则一直在窃窃议论中若隐若现。纸月纤弱文雅、善解人意，很快便得到了老师和同学们的喜爱，而桑桑更是时常做出一些莫名其妙又引人注目的举动来。这天，他突然心血来潮，穿着厚厚的大棉袄，在骄阳似火的操场上招摇起来，引起了众人的围观。正在得意之时，校园里出现了一道新的风景线，天生秃顶的同学秃鹤破天荒地戴着一顶白色的太阳帽走来了，大家的注意力一下子全被吸引了过去，满头大汗的桑桑反而被冷落在

| 乡土的逃离与回归：乡村教育的人文重建 |

一边。

接着，学校又开始为全公社文艺会演排练节目，纸月顺利地当上了女主角，而满怀信心的桑桑只充当了男主演的 B 角，A 角偏偏又是桑桑一向不服气的班长杜小康。课间，杜小康拉着纸月在温习节目，秃鹤等人跟在一边凑热闹，眼热的桑桑存心捣乱，一把摘掉了秃鹤的帽子，挂在高高的大风车上，引起了一阵轩然大波，爸爸桑乔勃然大怒，吓得桑桑没敢回家，在芦苇中的小船上躲了一夜。结果，桑桑被取消了参加全区小学校会操的资格。

被排除在会操行列外的还有秃鹤，原因是桑乔担心他那颗亮闪闪的秃头会影响会操队伍的齐整形象，同病相怜的两个人只能在后山上远远地看着洋溢着欢声笑语的校园。秃鹤长期以来被压抑的反抗性终于爆发，他毫不留情地占据了挂着大红幅的主席台。眼看上级领导就要到了，情急中，班主任蒋老师只好答应他参加会操，条件是必须戴上一顶帽子。很快，会操开始了，油麻地小学整齐的动作博得了主席台上的频频点头，可校长桑乔终于没能笑到最后，队列中的秃鹤突然摘下帽子远远地扔去，一任他的秃头在阳光下滑稽地闪闪发亮。领操的女孩儿终于忍不住笑了起来，一时间，整个操场乱了起来，油麻地小学到底丢掉了连续两年的第一名。

秃鹤成功地还击了对他尊严的种种侵犯，可他付出的代价是同学们对他的进一步孤立。至于桑乔，他把为油麻地挽回荣誉的希望，全都寄托在文艺会演上了，可他的得意门生们在彩排中就被一片起哄声轰下台来，他们犯了一个小小的疏忽，演坏蛋杨大秃瓢的王小小竟有一头浓密的黑发！而王父又绝不同意儿子像囚犯一样剃个光头。无奈中，桑乔只好打起儿子桑桑的主意，可桑桑又坚决不演坏蛋。正在这时，柳暗花明，蒋老师发现了一张纸条，秃鹤主动要求担任这个角色。

汇演如期进行，秃鹤不负众望，一出场就博得了满堂喝彩！而油麻地的另一个节目,由蒋老师和村姑白雀演出的《红菱船》却被迫撤下,原因是白雀的父亲不准她跟暗中相恋的蒋老师见面。于是,桑桑充当起一个新的角色,为蒋老师和白雀姐传递书信。终于有一次,桑桑不慎丢失了白雀姐的回信,而这信偏偏又十分重要,因为白雀父亲正催逼她嫁给别人。热恋中的双方都在苦苦等待着对方的回音,可桑桑偏偏没敢说出事情的真相,于是猜疑和失望越来越浓,终于白雀被迫坐上了大红花轿,把绵绵遗憾沉甸甸地留在了桑桑童稚的心头。

一桩偶然事件让爸爸桑乔走进了故事的中心,阿恕当众一语,石破天惊!桑乔是纸月的爸爸!一直若明若暗的纸月身世之谜似乎水落石出了,只有桑乔自己心中依旧坦然,依旧一如既往地关照着孤女纸月;不久,纸月相依为命的外婆过世了。从此,纸月一如她悄然出现一样,又悄然从油麻地消失了。

杜小康家境富裕,又是班长,一直是桑桑的明争暗斗的对象,最让孩子们垂涎的是,他还拥有油麻地唯一的一辆旧自行车。这一天,连桑桑都没能抵抗住,跟杜小康在麦场上骑起了自行车。累了,饿了,两人烧红薯吃,结果引起一场大火。翌日,当桑乔在全校大会上查找肇事者时,杜小康挺身而出勇敢地承担了全部责任,又一次无心地把桑桑置于悔恨交加的尴尬境地。不久,杜家出了事,家道中落,杜父大病一场,杜小康含泪辍学,跟着病弱的父亲离开油麻地去放鸭子、摆小摊,在生活的艰辛与贫困中成熟起来,但他心里却时时刻刻都怀念着油麻地小学的同学们。

亲眼看见衣衫褴褛的杜小康在校门外摆小摊,桑桑心里很是难过,便偷偷把桑乔珍藏的奖品笔记本拿出来,为杜小康抄写课本。视荣誉胜过生命的桑乔不知就里,狠狠地揍了他一顿。一时间桑桑昏厥过去,其实桑桑真的病了,一场恶疾已悄然临身,使他也在同学们留恋的目光中离开了课堂。桑桑的病唤起了桑乔的舐犊之情,从此，这位好老师、好校长开始学着去做一个好爸爸，无论风里雨里，他背着儿子走遍城市乡村，求医问药，他发誓要让儿子的人生之路走得长长的……

上天不负有心人，终于，卖茶老人的一帖良药让桑桑生命之火重新燃烧起来。在中药店抓药时，桑桑意外地看见纸月被一个满脸慈爱的高个儿男人领上了远航船，桑桑认定，那男人一定是纸月真正的爸爸！他追叫着纸月，却又停下了脚步，眼看着那艘老轮船载着纸月和她的幸福走远了，这匆匆一瞥便是纸月给油麻地男孩桑桑留下的最后记忆。影片在桑桑充满伤感的点名声中结束，一个个曾经熟悉的名字，撞击着草房子的上空……

生命的文与质

孔子曾这样说到人性之质与文的关系："质胜文则野，文胜质则史。文质彬彬，然后君子。"文质彬彬当然是一种理想的状态，现实中要么是文胜质，要么是质胜文。在我们几千年的封建历史中，由于纲常礼教对社会生活无所不在的渗透，实际上在社会的主导教化体系中早已是文胜过了质。太多的文饰，导致生命因缺少激情与创造而变得平庸，更倾向于内敛。中国文化中阳刚的成分太少，过多地强调整体，过多地强调礼教，教育伦理化，直接导致文对质的过度教化。过度教化的结果是，生命因为失去了自然、丰盈的阳光本色，而缺少一种创造的激情与活力。现实生活中生活得比较阳光的人，恰恰是没有被过度教化的人，或者说是文与质相和谐的人。生命的成长需要尝试错误的空间，教化之于生命成长当然是重要的，但不能过度。问题在于，"度"怎么来衡量？只能以儿童自身的生命状态、儿童生命的自由与惬意来衡量。如果一种教育不是在成熟儿童生命的自由自主，反而是遮蔽了生命本身的自由与惬意，这种教育就是过度的。

生命需要沉醉，就好像醒需要梦的呵护，清醒的人生需要不时的沉醉来呵护，这就是尼采所说的"酒神精神"。日神精神代表一种理性，代表着秩序、清晰，按照社会既定的常理出牌。但个人在特定的空间忘记秩序，或者叫超越秩序，这就是尼采所讲的善恶的彼岸。人的生存有时候是需要超越善恶的，这就是游戏与沉醉，一种生命自在的生成与显现。正如席勒所言，只有人能游戏，人只有在游戏的时候才成为人。这对于成长中的少年而言，不简单地以外在秩序，以成人世界的生存秩序来规划、设计儿童世界，取代儿童生命世界中的自然秩序，而是在激发、诱导儿童自然绽放中去促进儿童世界向成人世界的认同，从而促成儿童生命世界的丰盈与饱满，促进儿童生命的内在生长，无疑是现代教育中渐渐被遮蔽的重要话题。

生命的"质"，就是质地、原初、原始，需要我们更多地正视他们，"质"的显现在个体生命成长中很重要的。生命之质需要被提升，但是却不能被简单地抑制。过度的教化，往往会截断个体人生发展与生命自然善好的丰富而生动的联系，实际上大大缩减了个体生命发展的空间。当生命被过度地文饰，个体生命成长就触摸不到自然善好的踪迹，一个人的成长就可能是内在地无根的，失去了生命内在自然善好的引导，个人固然可以获得世俗意义中的成功，但终究少了点自然生命烂漫天真的本色，生命的颜色难免是暗淡的，缺少了郁郁葱葱的痕迹。

以曹文轩小说《草房子》改编的同名电影，就是这样一部探询生命自然善好与个体生命成长之间彼此交错的教育叙事。

儿童生命世界的展开与个体尊严的生长

《草房子》的叙事线索是多重的，贯穿首尾的是桑桑和他的父亲，其中一条重要的线索就是桑桑的生命成长的历程。在桑桑的视界里，大人的世界太复杂。以桑桑为中心展开的叙事，就是儿童世界中的桑桑怎么一步步走进大人的世界。大人的世界也就是社会化的世界，桑桑向大人世界的靠拢，也就是儿童自然生命世界向社会化的生命形态的靠近。桑桑向大人世界靠近的过程也就是他精神成人的过程，就是他生命成长的过程，这是电影的基本主题。

1962年，一个叫油麻地小学的地方，在大大小小的一圈草房子边上，一位叫桑桑的小孩子怎样在远离社会中心的、遥远而美丽的草房子的世界中成长起来？以这个主题作为基本线索，我们可以看到，影片率先展开的是优美的自然，还有儿童伙伴之间自由的玩耍，这是一个涉世未深的小孩子所看到的生命世界的美好。搞笑、大量的民谣、各种各样的游戏、儿童的狂欢，还有恶作剧，看露天电影等等，都是充满着自然野趣、同时又不乏某种人性的良善的一种表达，正是这些因素滋润了桑桑们个人生命的根底。

在儿童生命自然无遮拦地释放之时，儿童世界的尊严也渐渐地绽放出来。正如马克思所说的"人是社会关系的总和"，只要有人群的地方，就会有个体尊严的显现。桑桑和他的伙伴们在好奇地看着这个世界的同时，也在想方设法祈求着被这个世界"看"，"看"与"被看"实际上就是他们生命尊严生长的起点。最典型的片段就是桑桑在大热天里举着棍子、穿着棉袄、大摇大摆地行走在众人的注视之中，以及随后瘦高的光头陆鹤戴着白色的帽子在众人拥戴般的关注中走进教室，以至于把得意的桑桑冷落一边。这其中不乏恶作剧的尊严的凸显与彼此之间有意无意的比拼，实际上都跟外在的规训无关，而更多的是儿童世界之人性自然的显现，非关教化的善恶。

影片中的陆鹤，可以视为儿童世界与成人世界靠近的一个典型。陆鹤之为典型的意义首先表现在他的秃头，一种自然的野趣，这代表儿童世界中的一个极端，一种游离于成人世界规训体系之外的基于其生命自然的个性。他又要进入学校，融入周遭社会主流之中。

进入学校本身就意味着向成人世界靠近，接受来自成人世界的规训，但他的天性顽强，总是与体制化的学校教育之间保持微妙的张力，以强规训为特征的学校教育自觉不自觉地把他排斥在外，这导致他的尊严被贬抑。显然，正是因为天性中与成人规训逻辑的差异遭到以教化自居的成人世界的贬视或打击，致使他无法正常地进入到学校教育的规训场域之中，典型的场景就是学校广播体操比赛对他的排斥以及他的反抗。反抗的结果不仅进一步加剧了他和学校教育之间的裂缝，更重要的是他和周围同伴的关系都由于成人世界的介入而被瓦解，使他处于孤立无援之中，他不得不以让步的方式向成人世界靠近。陆鹤向成人世界靠近的一个机缘是学校的演出，因为演出紧缺的角色正适合于他的原本不光彩的秃头，也适合他张扬、夸张的天性。在这里，成人世界对儿童世界的接纳与提升，并不是简单排斥他们的天性，而是发掘、引导他们的天性，把他们引导到合适的境遇之中，显现他们，并且成全他们。这里传达出来的乃是儿童世界与成人世界的讲和，或者说成人世界与儿童世界的讲和。一种互赢的方式，使陆鹤进入成人世界之中，演出成为儿童世界整体被规训的一个尝试，从此，陆鹤这样一个学校教育中的边缘人变成一个拥有正当位置的人，进而赢得他在成长过程中的尊严。

　　每个人都追求自己的尊严，有的是基于自然的人性来追求自己的尊严，有的是基于社会的认同，实际上这也是个人社会化的过程，这也就是卢梭所说的由纯粹的自然进入社会的自然。陆鹤作为典型代表，提示我们，教育过程中怎么看待自然野性的问题。个人天性中的乖戾不合于当下的教育路径，常常遭遇教育的排斥；想和普通伙伴一样拥有同样的尊严，却又处处遭遇歧视。就是这样一个小孩，当他对尊严的期盼得不到回应的时候，就会用越轨，甚至是公然挑战整个成人世界的方式，来争取自己的尊严。在那样的场景之中，甚至可以说在那样的时代之中，他是一个敢于表达自我、追求尊严的人。这里有一个微妙的对比，我们大多数人，特别是成人化的个人，都习惯于顺从命运，顺从世俗的力量，缺少抗争的勇气，比如白雀和蒋老师就在羞答答地追求自己的爱情，他们和陆鹤形成了鲜明的对比。在这里，恰恰是基于自然人性的力量，而不是教化的力量，把个体在世间的生命源初性的尊严充分地显现出来。

不难看出，在这样一种跟自然贴近的生命历程之中，儿童成长一个最基本的依据就是自然的善好。这里实际上触及了教育学要追问的一个关键主题：个体的教育究竟从什么地方开始？一个人究竟怎么样教化成人？如果说最初的教化就是把他生命中所浸润的自然底色都排开，让个体纯然进于体制化的教育形式之中，那么这样长出来的生命形态就只能是白面书生，一种被过多地文饰从而失去了生命自然底色的生命样式。我们的教化形式是文对质的遮蔽，我国几千年来以皇权为支持、以儒家伦常为主要内容的对于个体生命而言过于强大的教化体系，在很大程度上遮蔽了国人生命之中的自然底色，遮蔽个体教化之自然善好的基础，我们是以成人化、社会化的整体设定来取代儿童生命世界，儿童生命自然善好的踪迹在我们的教化体系中实际上一直处于遮蔽状态。《草房子》则可以说是充分正视并展现了儿童的生命自然善好的踪迹。

生命自然善好的无力与成长的代价

如果说影片一开始就给我们展示了桑桑生命世界中美好的画卷，那么，构成桑桑他们生命世界的美好的源泉是什么？一个基本的来源乃是草房子所代表的自然世界，正是自然世界中的美好，游离在体制和中心之外、游走在社会边缘的自然，才成为小孩子生命美好的一个基本的参照，或者说生命美好的基本感受。这里涉及一个极其重要的问题是，如果说教育的目的就是把人们引向美好，那么美好的生活，或者美好的教化究竟从何开始？这实际上是教育哲学中

| 生命自然善好的守护：触摸乡村教育的哲学意蕴 |

一个非常重要的问题。我们可以看到这个影片最初所显现的美好来源于哪里，第一个是纯粹的自然，包括周围的自然环境；第二个是人性的自然。这两者的综合体，也就是说纯粹的自然和人性的自然的结合，就是草房子。草房子既是自然的，又是人为的，边缘姿态的草房子之所以成为桑桑们精神的家园，根本的原因正是基于其作为原初自然和人文自然的结合而呈现出来的对儿童生命世界的贴身且贴心的呵护。

作为具有某种惟美主义倾向的电影，影片中尽量传达一种基本人性自然的善好，与此同时，也传达出这种人性自然善好的踪迹在现实中诸种因素的挤压，这种挤压既有成长的必然，也有现实本身的压迫和社会偏见。杜小康家道的败落造成他的失学流浪，学校中学生的分等，放养鸭子的杜小康被排斥在高唱"共产主义接班人"的队伍之外，都是社会对个人成长的挤压。美好的破碎，还有一层，来自于白雀父亲因偏见而对白雀与蒋老师恋爱的不赞成，这些都属于现实的挤压。白雀和蒋老师爱情的破灭还有命运的偶然性，而且还跟桑桑自己相关。桑桑原本是一个忠实的信使，并且因为对白雀和蒋老师的亲近而产生了对他们之间爱意的美好期盼，但这个忠实的信使因为一次很偶然的失误导致信的丢失，使他们的误会加深。这属于误会，一种生命存在中的偶然性，误会引发生命的断裂，但生命的断裂并不是误会造成的，其本质是生命内在的断裂。换言之，即使没有这个误会，断裂依然会以别的方式产生，断裂的根源在于自然的美好与现实的不美好之间的冲突。不管怎样，白雀以及她和蒋老师之间略带朦胧和羞涩的爱恋，乃是初长之中的桑桑生命世界里美好爱恋的象征；而他们之间恋爱的失败，则不仅仅是成人世界美好的破碎，更重要的是桑桑的基于自然善好基础之上的生命世界本身的破碎。

桑桑的父亲桑乔，同时又是校长，属于两者的集合体。一方面

97

他的身上有很多自然美好的因素,包括他对纸月的爱,当然这中间没有清楚交代纸月是不是他的私生女,这其实无关紧要,重要的是他面对纸月时表现出来的一种父亲、长者的天性,这种身份是去社会化痕迹的身份,他关怀纸月,并不是出于校长的名义。影片中,我们又不断地看到校长摇响手中的铃,这是一种社会身份的表达,一种权力的实践。桑乔就是这样在两者之间不停地游走。他对桑桑的态度也是一样,既有作为校长的威严,也有作为父亲的慈爱。他发现桑桑损坏了他珍爱有加的荣誉本用来抄写课本,他把桑桑的行为视为对自己尊严的极度贬损,而这种尊严的基础正是基于外在的社会认同,这些荣誉都是作为置身体制化中的个人合法身份的一种象征。他发疯地追打桑桑,因为作为儿子的桑桑触犯了他作为校长的生命中最敏感的神经。那一刻,作为浸润在自然善好之中的桑桑的无力与作为成人世界代表的桑乔的强硬形成鲜明的对比。当然,当桑乔知道真实情况之后,表现出来的又是一个父亲的宽容和爱,他卸下成人世界身份的重负,回复到蕴涵着自然善好本色的父亲身份。作为体制的代表,面对儿子的冒犯而施与一顿暴打,这并不能改变父亲对儿子的爱。这反而说明,作为校长的桑乔其实是紧紧地围裹着作为父亲的桑乔,自然善好无时无刻不面临着现实的冲击,首当其冲就是作为父亲的桑乔。

　　桑桑走近落魄的杜小康,为他抄课本,稚幼的桑桑此举是基于儿童友爱的天性,基于个人自然人性的美好,来尽力挽救他困境中的同伴杜小康。为什么别人没有办法实现,而要小孩来承担?因为小孩的承担完全是基于个人对善好人性的一种自然流露或表达,而不是一种体制化的力量。而恰恰失学这一事实本身,却与体制有着千丝万缕的联系,在这里就出现了一个难以弥合的裂痕,就是基于个人之人性自然善好的力量在现实中于事无补,不足以改变既成的事实。桑桑试图张扬个人的自然人性的力量,来改变现实,但个人的力量终究渺小。甚至包括桑桑充当信使，也是基于一种自然人性的善好，但人性的力量并不足以促成善与美的现实化。这是我们前面讲到的人性的自然善好与现实中不好的冲突，这就是桑桑所进入的真实的世界，在这里，自然人性与历史和命运纠结在一起，演绎出生命成长中的纷繁际遇。在这些错综复杂的生命联系之中，桑桑秉持的自然善好心性，也一点点在现实周遭之中表现出美好而无力。

如果说影片的前半部分是桑桑为代表的儿童世界的开启，与以自然善好为基础的生命世界的呈现，随后，影片就逐渐把自然善好在现实中的遭遇一点点展示出来。伴随现实的诸多冲击，人性的美好开始在桑桑的视界中一点一点地失落。白雀和蒋老师爱情的昙花一现，杜小康的失学与流浪，纸月的忽远忽近与最终离去。还有在玩火过程中的失火，在偷看蒋老师信件过程中导致信件的丢失，实际上也是对自然人性的一种提醒，人性自然之质并不都是善好的，而且，自然善好的人性也并不总是可靠的。一个成熟的个人走进社会，是不能单纯靠自然人性的美好的，这也意味着教化的必要性。

正是桑桑基于自然善好的人性与周遭生命世界的复杂纠葛，以及在现实中的诸种遭遇，才导致了他的得病。在这里，桑桑的病既是形而上的，也是形而下的，是精神的病，是一种生命根底的病，是一种阻遏之中的善好人性的病，是他的基于自然善好的人性想象寓居其中的肉身的败坏。初始人性的自然美好原本具有某种完整性，但是这种完整性会在现实周遭的人与物的不完满性中失落，个人周遭世界的不完满意味着个人生命世界本身的不完满。一个人的心就是一个人的世界，一个人周遭的世界就是一个人的心。桑桑的得病不仅仅是因为自己，更是因为他所遭遇的世界，所以，病的根源就是在成长的过程中生命对美好的这种期盼，与进入现实所遭遇的自然善好人性的破碎感和无力感之间的断裂。

儿童世界的新生与生命自然善好的留驻

纸月在桑桑的生命世界里具有某种特别的象征意义。纸月来到桑桑的生命世界里,一开始就带有某种神秘感,在不断地唤起桑桑心中某种美好的想象的同时,又始终与桑桑保持着若远若近的距离。从开始的恶作剧地洒水到纸月和桑桑妹妹的被子上,到夏日穿着棉袄的夸张表演,再到纸月遭遇欺侮时毫不犹豫地挺身而出,桑桑都是在传达一种努力想赢得纸月的好感、走近纸月生命世界之中的冲动。但纸月只是他年幼生命世界中一个飘忽的影子,最终黯然地离去。原作者曹文轩显然是借纸月有意无意传达这样一个意念:首先,她是"月"。对于乡村成长起来的桑桑而言,月亮无疑是自然善好的典型代表,纸月带给桑桑的显然就是一种自然善好的敞开,是桑桑生命世界中渐渐开启的一抹遥远而美好的期待。如果说白雀与蒋老师带给他的是成人世界美好爱恋的晨曦微露,那么纸月则是贴近他自己的生命世界的神秘爱意的朦胧开启。其次,这个"月"是"纸"的,"纸"的"月"当然是不真实的,是易碎的。纸月带给桑桑的无疑是儿童世界美好爱意的开启与迅即凋零。这意味着就桑桑而言,纸月的离去是必然的,怎样把美好的回忆留在心中才是成长的应有之义,换言之,儿童生命世界中开启的人性之自然善好总是会随着自我的成长而逐渐消解、变色,对于成长中的个体而言,最重要的是怎样把这种美好留在成长的记忆中,成为人生发展永远的基础,留住童年世界所开启的基于人性自然善好的爱与美好,乃是成长永恒的主题。

我们每个人都期盼生命与美好为邻,亲近美好,"虽不能至,心向往之"。美好的事物大家都是很乐意去靠近,但是基于自然善好的人性在现实中又往往是无力和易碎的,正是这两者的差异,成了他生病的根源。桑桑的病乃是一种成长之病,或者说成长的阵痛。每

| 生命自然善好的守护：触摸乡村教育的哲学意蕴 |

一个人的成长必然要置身于复杂的社会关系之中，复杂社会关系的纠葛与沉重，使自然人性的美好变得不能承受。米兰·昆德拉说的是生命不能承受之轻，这里说的就是生命中不能承受之重。因为人首先遭遇的是重的危机，而不是轻的危机。轻的危机是反抗，是放弃，而重的危机则意味着过度的承担。当自然善好人性的阻遏成为必然，人性的得病就不可避免，关键在于病的轻重与否。敏感的人更容易得病，人是泥土做的，不是钢做的，这就是生命的脆弱性。自然之质虽然有一种初始性的美好，但初始性的纯洁与美好毕竟要融入不纯洁也并不美好的现实之中，这意味着得病的不可避免。

所谓"对症下药"，桑桑的病其实并不是生理性的，而是精神性的，生命性的。正因为如此，桑桑的病的治疗非同一般，一味的求医问药无济于事。桑桑得病之后，校长回复到父亲的角色，在这一刻，他生命的意义就是要救治自己的孩子。救治自己的孩子，在某种意义上，就是在成人化的世界中留住自然人性的美好，就是在当下之中留住未来。作为校长的桑乔，其父亲身份的回归，代表着成人世界对儿童世界的真诚接纳，蕴涵着成人世界本身被过度教化的人性向着自然善好的人性的复归。由于民间的非预期的力量，得病的小孩子在偶遇的情景之中获救，影片以一泡健康的尿结尾，象征着桑桑对自然善好的回复。父亲永不放弃的决心与民间并不可靠的奇迹，使小孩的病得到救治，疗治人性之疾病最好的良药就是——也只能是——优良的人性本身。人性的病还需人性来治，生命整体性的病乃需要生命自身向着自然善好的回复。

在这里，治病的过程充满一种隐喻。救治的过程，要找医生，寻找医院，求医的过程是一个不断碰壁的过程。医院作为现代化、体制化的组成部分，医院问诊的失败意味着疗治人性的力量并不来自于现代化与体制化的力量，现代化与体制化并不足以救治人性的病弱，相反，现代化与体制化本身就可能是人性之病源。拯救孩子，拯救自然善好的人性的希望在民间，是偶然性，是偶遇。既然是偶遇，那就意味着是非预期的，是不可靠的。救治方式的非预期性，非常规性，传达了对现代化与体制化的犹疑，不信任。现代化与体制化不可信，而民间救治又存在着偶然性，这意味着人性之病在当代社会中救治的无力。

如果说一个人成长的过程是去发现美好，获得美好，那么，在现实中，这种基于人性自然的美好恰恰无时无刻不受到来自现实的冲击。影片一方面试图充分地展现这种自然人性的美好，同时又更深沉地显现这种自然人性的在现实中的虚幻与无力，从而最终只能无可奈何地接受这份流逝，一种"无可奈何花落去"的怅惘。由于影片中传达的这种美好的破碎，以及后面救治过程中非预期的不可靠，使整个电影具有一种植根于现代性中的、深切的、生命的悲剧意识。

守护生命自然善好的踪迹

《草房子》由一种个人命运的叙述，变成一曲逝去时代的挽歌。① 历史的进步会带给我们很多的便利和舒适，带给我们开阔的、坚硬的空间和居住之所，但是历史的进步也逐渐淹没了我们心中的草房子。代表着乡村淳朴生活时代的草房子就只能作为一种反观当下生活的镜像，仅仅留存在置身现代化之中的你我的想象世界之中。既然现代化和体制化都不足以呵护我们生命的完整性发展，我们又不可避免地要承负现代性的命运，那么，我们所要思考的问题就是，如何在当下的境遇中重建生命的自由与完整？我们固然是凭借后天

---

① 这里所谓时代的挽歌，其实并不是指涉影片中出现的具体年代，而是指面临现代化、城市化的冲击中，传统的自然、淳朴的乡村式的生活样式，是在当下的生活中被渐渐地褪去，而作为当下人心中参照的一种古典生活的镜像。

的教化生活在社会之中，但教化的自由如果缺少了自然的自由作为内在的补充，就会缺少真实的生命内涵而流于外在的适应与模仿。对于我们而言，思考当下教育的一个基本问题就是：今天，我们教育的起点在哪里？当我们被越来越眩目的现代化所围绕，我们还能找到教育的起点吗？更确切地说，我们还能找到教育所由起始的、所赖以发生的自然善好人性的起点吗？

以应试为中心的体制化的教育，越来越多地遮蔽了儿童生命自然善好的踪迹，世俗化的力量过早地设定了儿童在教育中的方向，孩子从幼儿园开始就被期待着要去考大学、考名牌大学，出国，挣钱，当明星……世俗力量的冲击实际上大大地缩小了儿童在教育中陶冶的空间，实际上是缩小了儿童成长的空间，减少了儿童生命成长的可能性，同时也遮蔽了儿童发展的内在生命起点。这就为给我们的教育提供了一个思考的主题，那就是：怎样重新拾回基于人性自然的善好，从而给个体人生找到一个可以永恒回返的起点。人成长的过程当然是不断向前发展，但同时又是一个不断回溯的过程，这两方面都是非常重要的。向后走是一种意向，不是时间性的，而是空间性的，是把基于人性的自然善好带入到个体当下的心灵空间与精神结构之中。每时每刻，我们都可以从自我人性最初的踪迹中找到自我生命发展的可能的方向，而不至于被当下的某种特殊的目标、设计所遮蔽。对自我生命之自然善好的回溯，乃是个体成长恒久的参照，正是对生命本源的回溯，是个体生命的自然善好对当下生命状态的介入，调整着生命健全的方向。这不仅仅是个体的，同时也是人类的，人类的健全发展，同样有赖于对古典时代基于自然善好的健全人性的不断回溯。

曹文轩在小说的后记中曾这样写道：

"今天的孩子，其基本欲望、基本情感和基本的行为方式，甚至是基本的生存处境，都一如从前；这一切'基本'是造物主对人的最底部的结构的预设,因而是永恒的;我们看到的一切变化,实际上,都只不过是具体情状和具体方式的改变而已。

由此推论下来,孩子——这些未长大成人的人,首先一点依旧:他们是能够被感动的。其次:能感动他们的东西无非也还是那些东西——生离死别、游驻聚散、悲悯情怀、厄运中的相扶、困境中的相助、孤独中的理解、冷漠中的脉脉温馨和殷殷情爱……总而言之,自有文学以来,无论是抒情的浪漫主义还是写实的现实主义,它们所用来做'感动'文章的那些东西,依然有效——我们大概也很难再有新的感动招数。"[1]

作者在这里表达的正是对于初始人性自然善好之质的信赖与依恋。儿童生命中的成长与感动,正是来自对儿童生命世界的自然善好的激活,留驻童年的美好,实质就是留驻生命本身的自然善好之质,留驻生命的初始本色。

生命发展基于自然的自由,并从自然的自由逐步走向教化的自由的过程。自然的自由给人生发展以鲜活的质料,教化的自由则赋予自然的自由以美善的形式,一种类化的生命存在样式,而自然的自由之中则内含着生命原初的美好。守护生命自然善好的踪迹,不仅给个体生命发展提供内在的生动的生命基础,而且给教育提供可以恒久回溯的家园,一切教育都从这里开始。

草房子:现代化中渐行渐远的田园牧歌

电影(小说)的题名是"草房子",影片中也大量出现草房子的镜头。房子是我们安居之所,房子同时也是人心安居的地方,但是这个"房子"却是"草"的。草房子有两层隐喻,第一层是草所代表的自然、感性、柔软,第二层"房子"则代表着温暖、美好。合

---

[1] 曹文轩:《草房子》,江苏少年儿童出版社,2005年,第277页。

而言之,"草房子"代表着自然的美,贴近儿童生命世界的温暖。不仅如此,草就是代表着自然的天性,而房子是人为的,完整的草房子作为生命空间的展开,意味着自然与人为的优雅结合,代表着自然向着人事的延伸和人事向着自然的贴近。理想的生命空间正是自然与人为的结合,草房子就是这样一种妥帖地呵护人性的、自然而温暖的生命空间,草房子本身就代表着自然的人性与社会性的有机结合,从而给儿童生命世界的发展提供一种自然、和谐、温暖的空间。

影片中有一个细节,是两个小孩在草堆里打滚,草堆软软的,有着土地的香气,传递着一种贴近生命的温暖,睡在草上是很舒服的。这是草房子的第一层意蕴,作为一种温暖而自然的生命体贴。另一层意思是,草房子终究是易碎的,经不住风吹雨打,特别地,在现代化、体制化的进程之中,草房子不可避免是边缘的,无力的。草房子提供的一种意象就是感性的,柔美的,易碎的。草房子也是象征自然人性的力量,放大一点说,就是一种古典的、乡村的、贴近自然的心灵生活的力量。当现代化与体制化裹挟着权力的、物质的、利益的力量弥漫而来的时候,草房子终将灰飞烟灭,成为我们心中日渐远去的遥远的记忆。

无疑,草房子就是一种理想的教育空间的表达,一种切近自然的、妥帖地呵护人性的、温暖的教育空间的期待。究其实质,草房子乃是代表了古典意味的乡村教育的内在精神,乃是乡村教育哲学的根本意蕴之所在,是乡村教育作为现代教育不可替代的组成部分的根本立足点。遗憾的是,童年的草房子终将随着年龄的长大、岁月的变迁,一点点逝去,取而代之是现代化、体制化的教育空间,是人为对自然的一点点的僭越,逐渐替代,草房子随着时光的流逝而"无可奈何花落去",乡村教育实际上也早已失去了内在的精神基础。这种远离,既有现代化的必然性,又有我们对现代化的单面的追求而出现的人为与偶然性；既有以现代化来提升社会整体教育水平的合理性，又有着诸多难以言传的隐忧，那就是我们对自然、乡村社会的人文意蕴的否弃与遗忘。我们是否还需要留驻已经远逝的草房子？历史的进步是否必须以淹没我们曾经拥有的草房子为代价？如何留驻，并将其积极纳入到当代教育结构之中？当我们的社会在追逐着高楼大厦、追求着一种逼迫性的现代化时，那些纯朴的、贴近自然的、贴近自然人性的生命空间到哪里去了？我们还能留得住，是否还需要频频回顾？

整个影片传达着自然与教化、乡村与现代、民间和体制之间一种微妙的紧张，草房子就是这种紧张之中的乌托邦，既是人性的乌托邦，也是一个教育的乌托邦。教育要回到这样一种最基本的生命状态，以此为起点来引导人性的健康成长。我们所遭遇的文明的虚华，包括教育中的虚华，诸如单一的教育现代化、纷繁的现代教育体制，以及充斥其中的各种眩目的教育目标，实际上很有可能会遮蔽个体生命成长的初始性质素，遮蔽教育回望自然的可能性，乡村教育的独特性与应有价值也被弃置。

沈从文说过一句很有意思的话："战士不是战死他乡，就是回到故乡。"这句话如果从个人生命意义的建构来讲，就是生命最终要回到自己的家，这个家就是桑桑的草房子，就是对人性自然善好的妥帖呵护。这种自然的善好并不是孟子说的道德意义上的人性善，而是原初的，一种纯自然状态的理想的人性，它只可以被想象，它确实存在，但不能被具体化为某种东西，只能在想象中重现。我们不可能寓居在人性自然善好之中，回家是一种意向，不可能永远都在家里，家只是暂时的，人总是要上路。真正的教育是要引导人担当人生的艰难，成熟的个体乃是能够从容地担当自我的人。在这个意义上讲，尽管出发的命运不可抗拒，但我们依然可以通过提高自己的心性，留驻善好的人性，从容地面对成长的阵痛，面对我们置身现代化之中的个人命运。

　　正是在这里，乡村教育的独特意义得以显现，尽管古典意味的乡村与乡村教育正在或者已经远去，但怎样在心灵世界中重建我们对乡村与乡村教育的古典期待，不仅对于乡村教育的重建，而且对于整个现代教育，乃是不可或缺的基础要义。在此意义上，草房子乃是我们置身现代化的路途之中可以恒久回望的精神家园。

　　　　　　　　2007年9月21日讲演，12月27日整理成文。

春晖中学：
现代教育的田园牧歌

　　浙江上虞白马湖畔的春晖中学 1922—1924 年那段历史的再现，对于处于现代教育语境的我们而言，是一个难以企及的理想高度，它短暂的成功，是春晖学人用理想与教育理念共奏的一曲田园牧歌，也是乡村办学成功的典范。五四时期的知识分子能够放下读书人的生命姿态进入到乡村，融入乡村之中，这种对平民教育的关怀与生命实践是基于自我生命价值认同于乡土之上的，从而自觉承担起乡村改造与感化的使命。利用乡土自然环境来办纯正的教育，是一种充满理想特质的乌托邦实践，但它达到乡村与教育完美结合的高度。

　　春晖中学曾经的存在给我们提供了教育最原初的自然形态，它与乡村社会的亲近，对于乡村的感化，是一种文化力量的辐射。教育与乡村达到完美的结合，尽管于现代教育而言只能算是一种理想、一个教育的乌托邦，但我们应该办怎样的乡村教育？如今面对数量庞大的农村中学，怎么利用教育的优势来为乡土服务？而又怎么样汲取乡村本土资源的长处，来为乡村少年增添一份生命成长的厚度？

甚至，扩而言之，我们怎样面对乡土中国的背景来考量我们社会的整体教育？春晖中学曾经的历史为我们思考乡村教育，乃至我们整体现代教育的发展都提供了很好的范例。

在我们的语境中盛行的以城市化为中心的现代化，乃是以一步步远离乡土而获得学校的发展，我们既忽视了乡土中国的大背景，同样忽视了乡村教育在现代教育中的合理位置。由此而造成当下中国万千学校的千人一面，导致学校存在的单面化。对春晖中学的回顾与反思，实际上乃是探询当下中国教育的出路，或者说在当下中国教育的背景上探询这样一个被忽视而实际上至关重要的问题：我们的现代学校是否有别样的可能？

春晖：在理念中的生长

春晖中学，是诞生在上个世纪 20 年代的一所中学，从地理位置上来说是处于乡村。它位于浙江省上虞市白马湖畔，身处静谧而优美的自然环境之中。如今这所中学只是众多有着悠久历史的名校中的一所，而且在应试教育的滚滚潮流中其曾经的辉煌渐渐湮没，其在现代中国教育史上的独特个性被人遗忘。不经意翻开它的某一页历史，它所带来的心灵的震撼和洗涤，是一种喜极而泣之后的豁然开朗。教育与个体的生命世界如此贴近与丰满，同时教育与乡村也达到了完美的结合，曾经的春晖中学就为我们打开了这样一方教育乌托邦的天空。它的这一页历史是从 1922 年 10 月正式开学至 1924 年末一个寒冬的早晨走向衰落，短短两年的时光，却留下了一段教育的传奇与佳话。

春晖中学的创办人是浙江著名的民主教育家经亨颐，其曾经任浙江第一师范校长达十年之久，引领了浙江的新文化运动，使一师成为浙江新文化运动的中心。春晖中学的出现是经亨颐教育理想追求与现实冲突之后的产物。因与当局格格不入，为免受其干扰，他愤而另辟途径来实行自己的教育理念，在远离城市的白马湖畔开辟一块土地。在乡绅陈春澜 20 万元的资助下，春晖中学诞生了。经亨颐邀请他的同乡夏丏尊回乡一起主持春晖中学的校务。夏丏尊的出现使春晖中学呈现出不一般的气象，在他的号召下，聚集一群志同道合，充满理想与追求的教师，依次是：朱自清、丰子恺、朱光潜、匡互生、刘熏宇、刘叔琴、方光焘等等。在他们的影响下，当时许多名人曾与白马湖有过另一种相遇，或讲学、或游玩，他们依次是：蔡元培、李叔同、俞平伯、沈仲九、吴稚晖、叶圣陶……

1919 年的五四运动是 20 世纪初中国一场影响深远的思想启蒙运动，在社会各个领域内掀起改革的浪潮，"推倒重来"、"破旧立新"，追求人的个性自由与解放。有着几千年封建传统的旧中国发生着深刻的思想转变，其中最重要的就是对于"人"的价值的尊重与强调，"立人"成为时代的根本主题与迫切需要。作为先觉的中国知识分子，首当其冲，担当起思想启蒙与改革的历史使命。在教育领域内，民主教育家蔡元培在任教育总长时，提出"养成共和国健全之人格"①，五育并举的教育方针。人格完满是教育之根本目的。春晖学人们正是成长于五四时期，浸润着五四新文化的薪火，他们对于教育体制的弊端有着深刻的认识。但是由于个体性格与气质以及人生境遇的不同，他们选择远离政治的喧嚣，与时代的主潮流保持着一定距离，坚持平民主义教育立场，尽其所能地做一些影响青年身心成长的具体事业，欲通过教书育人、出版刊物等文化活动来达到传递新思想与社会启蒙的作用。抱着这种积极的文化建设态度，他们坚守着自己的启蒙阵地，用另一种非革命化的方式来实践他们的"教育救国"之梦，将理想化作具体的实践，以融于生命深处的使命

---

① 蔡元培：《向参政院宣布政见之演说》，见《蔡元培全集》第 2 卷，中华书局，1984 年，第 164 页。

感和责任感躬身于教书育人之中。在动荡的年代里，春晖学人凭着对教育的一片赤诚与热情，对青年的爱与期望，坚毅而执着地做着文化传播与社会教化的具体事业（这样的精神在任何时代都是宝贵的，后来的"立达学园"更是他们创办的纯粹的教育理想王国），以积极的文化建设态度来做具体的事业，通过教书育人、文学创作、出版书籍、发行刊物等进行思想启蒙工作。

在时代"立人"的教育理念之下，春晖学人们把握了这一精神，并将这一理念付诸行动之中。理念是一所学校存在的灵魂，而精神体现于这种理念付诸实践之后学校所呈现的整体的精神风貌与办学特色，体现于一所学校校长与教师对于教育真谛的把握与理解。办教育需要"个性"，这样才能超越千人一面的办学模式，呈现出独特的精神气质，而这些都需要理念作为根基。经校长正直果敢、勇于创新的人格风范以及所持"人格教育"的理念，决定了春晖中学的办学方向与育人目的。好的学校由起旗帜作用的校长来成就。一所学校的成长是在理念观照之下的，理念先于实践而存在，并且指导人的行动，是个体行动的目标与方向。教育者的人格、意志、情感在坚定的行为目标指引下，化作具体的实践，并且赋予教育实践内在秩序的和谐，得以显现精神，提升教育实践的品格。学校的好与坏，并不在于硬件设施的优劣与否，是一种精神支撑起一所学校。

在白马湖畔出现的这所中学，其校名饱含了创始人最基本的办学理念。"春晖"本来就带有欣欣向上与希望之意，同时创办人选择以此作为校名时也包括了"谁言寸草心，报得三春晖"之感恩与爱的意念。春晖中学以孟郊著名的《游子吟》来作为校歌，是一种对学生人格上健全成长的要求，而非知识的积累或成就的多少。生活在春晖中学的学人们通过自觉自主的文学、教育、艺术等创造性的活动所映射出来的思想与活力，所焕发出来的神采，来显现出教育精神世界的丰富，而这种对于教育的理解与追求中坚定的、自主的、理性的教育理念,是他们品格、情感、意志等的内在精神气质的外化。同样,这个群体的精神气质与文化活动,给后人带来启示,给人以文化的滋养。春晖中学所秉持的"与时俱进"的办学方针,以及春晖师生共同营造的精神氛围,形成了一个具有文化意义的精神场域,氤氲滋润着一代学人,教育的品质也相应得以提升,在乡土自然里远离体制化的社会环境,也远离了战火硝烟,但又切实地融入时代的主题之中。这种文化气质所产生的教育效应,形成了独有的"春晖教育场",它是一个磁场,即使在数十年后对我们当今的教育仍有辐射作用。

进入乡村　引导乡村

"湖在山的趾边,山在湖的唇边,他俩这样亲密,湖将山全吞下去了。吞的是青的,吐的是绿的,那软软的绿呀,绿的是一片,绿的却不安于一片;它无端的皱起来了。如絮的微痕,界出无数片的绿,闪闪闪闪的,像好看的眼睛"。[①]朱自清笔下的白马湖景致,总是能轻轻地将我们引进一幅清秀的山水画之中,这样的陶醉是一种对自然美的向往与惊叹。而昔日的春晖中学就是伴着这样的山与水,亲近着它们,进入到乡村之中。朱自清当年也就踩着那条"狭狭的煤屑路"来到春晖中学担任国文教员,在自然风光美中办纯粹的教育,一洗铸型教育的弊端。正是在乡村里,春晖中学才得以显现出办学特色,与同时代的南开中学、北师大附中、扬州中学等名校相映成辉,但不同的是春晖是办在乡村的,同时也成为众多学者大家们选择作为生命旅途中的一个停靠点。白马湖活在他们的生命里:夏丏尊(1921年秋起在春晖中学任国文教员)、丰子恺(1923年应

[①] 朱自清:《春晖的一月》,见白惠民选编《白马湖散文十三家》,上海文艺出版社,1994年,第112页。

聘任春晖中学音乐、美术、英语教员）、匡互生（1924年2月受聘任春晖中学数学教员兼训育主任）、朱自清（1924年3月受聘任春晖中学国文教员）、朱光潜（1924年应邀任春晖中学英文教员），这一群体还包含了刘薰宇、刘叔琴等。他们与白马湖的相遇正是处于激情飞扬、满腔热情的青年时光。这是一个追求新思想与崇尚民主自由的团体，夏丏尊在这个群体里是一个长者，素性耿介憨直、恬淡自适、待人真挚，许多教师正是由于他的引介而来春晖中学任教的。也是在他人格的辐射与影响力之下，这一群体显现出春晖独有的精神氛围。他们衣着夏布长衫，温文儒雅，踩着乡间的煤屑路步履匆匆地走来。

白马湖畔那个叫西徐岙的乡村是幸福的，它有了一所中学。经亨颐选择了在远离城市、环境优美的白马湖畔来实现他的教育理想与改革。一是追求"教育独立"理想的体现，"在政制上应一贯尊重教育人员之独立人格，不可视俗套一般委任职之官吏，教育行政机关对校长当仍用聘任公函，如校长对教员之聘请书，以尊重教育者之地位，否则如同牛马之受羁勒，谈不到什么自尊心与责任心了"。① 为了躲避当局的干扰，他在筹备春晖时没有向当局备案，暂时避开了当局统治者的视线，个体价值观念与教育理念得以施展。它是一所完全的私立学校，深深地立足于乡村，生长于一群教师的细心呵护与信念之中。而另一方面，设在乡村，怎么样坚持自己的办学理念而不受乡村环境本身的影响，即在自然风光中怎样保持教育的纯正而又避免闭门造车，不与社会发展相脱节？经亨颐在《勖白马湖生涯的春晖学生》里就指出："我甚爱白马湖，我所爱是白马

---

① 姜丹书遗稿：《我所知道的经亨颐》，见《浙江文史资料选辑：第四辑》，中国人民政治协商会议浙江省委员会文史资料研究委员会印，1964年，第74—80页。

湖自然的环境,极不爱白马湖人的环境。"所以他诫告学生"白马湖不是避人避世的桃源,是暂时立于局外,旁观者清,不受牵制,造成将来勇猛的生力军所在"。① 夏丏尊在《春晖的使命》也叮嘱过:"你生在山重水复的白马湖,你底环境,每引起人们底羡慕。但这种环境,一不小心,就会影响你的精神,使你一方面清洁幽美的长处,一方面染蒙昏懒的坏习的!你不应该常自顾着,使没有这种毛病的吗?"② 学校办在乡村,一方面是为了远离政治的喧嚣,在清静的环境里办好教育,在自然环境中安顿精神与培植理想,保证教育理想的高度,并为实践的顺利进行铺垫。另一方面,为造就负担起社会重任的未来社会的改造者与参与者,而不是专图个人安乐的青年。而春晖中学又怎么样融入到乡村中去,则在于春晖中学教育者们对于春晖责任与使命的认识。使命与责任感是一直存在于春晖学人的心中,同样正是在责任的驱使下,让他们拥有教书育人的信心与执着。它们是前方的一盏指路灯,照亮了黑暗中艰难行走的旅人。

1922年12月2日,是春晖中学正式招收第一届学生并举办开学典礼的日子,第二年的这一天,春晖中学走过了一年多的时光,作为教师的夏丏尊写了《春晖的使命》一文发表在校刊上,一为纪念,更重要的是这篇用整齐排比反问句式的文章,道出了春晖中学所应该承载着的使命与责任,同样也指出了乡村学校的社会教化的重任,他曾写道:"你是生在乡间的,乡村运动,不是你本地风光的责任吗?别的且不讲,你可晓得你附近有多少不识字的乡民?你须省下别的用途,设法经营国民小学、半日学校等机关,至少先使你闻得你钟声的地方,没有一个不识字的人,才是真的。至于你现在着手

---

① 经亨颐:《勖白马湖生涯的春晖学生》,参见张彬编:《经亨颐教育论著选》,人民教育出版社,1993年,第290页。

② 夏丏尊:《春晖的使命》,见白惠民选编《白马湖散文十三家》,上海文艺出版社,1994年,第211页。

的农民夜校，比起来那只可说是你的小玩意儿，算不得什么的。"五四时期的知识分子能够放下读书人的姿态进入到乡土社会中，自觉担当起乡村社会改造的使命，是一种把自我生命价值认同于乡土，归于乡村，从而才有对感化乡村使命的自觉承担。同时期的陶行知、晏阳初等所进行的教育实验，都是立足于乡村。这种对平民教育的关怀与生命实践，是把它作为自我生命的一种责任。仁者的乡土情怀与责任的承担在这种自我的反问中显露无遗。经亨颐把春晖中学设在乡村，他同样是没有想过要逃避这种责任的。"春晖如果当时不设在白马湖，一切可省许多经费；所以设在白马湖者，是想感化乡村。本校教员及学生现已筹设农民夜校……"① 身在乡村，他们对于春晖中学诞生的目的与使命还是有着美好期待的。这首先来自于作为知识分子自我身份与乡土社会的认同与亲近的基础上，没有这种认同，就不会有改造乡村的使命，从而感化乡村，而不为乡村所化，引导乡村社会的精神文化生活，在安逸的环境中又能避免精神的困顿，以精神上的充实来弥补物质的贫乏。朱自清在《春晖的一月》，丰子恺在《山水间的生活》，都曾对春晖生长于乡村的利与弊有过思考与担忧。"在水间的学校和家庭，不拘何等孤僻，何等少见闻，何等寂寥，'因袭的传染的隔远'和'改造的容易'入手"，②所以丰子恺提出以艺术教育来调和两者之间的矛盾，通过艺术的趣味来唤起青年积极乐观的人生态度。而匡互生也欲在春晖中学实现他的新村教育理想。他个人的办学理念，在于对劳动教育的重视，劳力与劳心结合起来，把学生培养成具有远大理想、高尚品德、丰富的科学知识以及具备生产劳动技术才能和良好体魄的人，教育与

---

① 选自浙江省春晖中学编：《浙江省春晖中学》，人民教育出版社，1997年，第27页。
② 丰子恺：《山水间的生活》，1923年5月4日所作，最早发表于《春晖》半月刊第13期，1923年6月。

农业、农村结合，履行自身改造乡村的使命。

同时春晖中学也有着他们的乡村教育实践，承担起乡村文化改造的任务：筹立农人夜校。据《春晖》半月刊中，《半月来的本校（校闻）》第三期（1922年12月1日）所记载："距本校二里许之西徐岙村有农户二十作，全村农人，一字不识，月前由本校教员发起，拟附设夜校。教分为读、写、算（珠算）、常识。教授由本校教职员和中学部学生自由承认，全系义务性质，每周授课十小时，学生年龄不均。现已由农人徐金水等在该村邀集学生十余人，教课担任者有夏丏尊、赵友三、戚怡轩、许松年、叶天底诸先生，地点拟在小学部楼下，每晚授课时间暂定六点半至八点半，决于本校开校式后开课。"后来校刊记载在农民农忙季节就暂时停课，等农闲时候再继续开课。《本年度农民夜校概况》里写道："电光下坐着几十个大小不齐面目黧黑的农民，他们的挚诚的态度，质朴的言语，使人怪可怜见，有时仰着头伸着深灰色的颈，呆呆地望着，蒲扇似的掌，满握着土里红，不住地颤动，真使人痛爱极了。"春晖中学教师结合农民的实际状况与需求，做些力所能及的改变他们生活质量与方式的事情。不管这些实践最终能产生多大的影响，但它的意义在于对乡村社会文化生活的引导，农民精神生活的引向，学校不是隔离于乡土的，不是作为一个冷漠的机构而存在，它与乡村是亲近的，在与乡土社会的互动里，学校利用自身文化的示范力与乡村发生着关联，履行着自己的乡村感化的使命。

"你底财产原不能算多，但也算不得没有。你不多不少的财产，也许反容易使你进退维谷。但你须知道，真正的教育事业，根本是靠你同志们底辛苦艰难的牺牲精神，光靠你底财产是没有什么用的。世间没有一个钱的基金，以精神结合遂能在教育上飞跃的学校多着，有了好好的基础，而因精神涣散、奄奄无生气的学校也多着哩！以精神的能力，打破物质上的困难，并非一定是不可能的事，而在你更是非做到这地步不可的。你该怎样地用了坚诚的信念，设法培养这精神，使你自己在这精神之下，发荣滋长？"① 理想是一种精神上追求的卓越显现，人在理想的指引下，能够在不断的自我超越中实现卓越，给生活以理念。而精神的支撑远远超过物质所带来的便利，成为战胜现实困难的动力，也使得他们在国家危难之际，能够承担起青年文化与精神启蒙的工作，这是一种责任与使命感的自觉承担。2007年12月12日，当我们走进期待已久的春晖中学时，我们想知道现在春晖中学是否属于乡村中学，而听到的回答是一种略带点不满的急切争辩，似乎想告诉我们春晖中学是一所完全城市化、现代化的重点中学，并不是什么乡村学校。在这种急于将自身"乡土"的身份符号去掉或掩饰的言行里，"乡村"两个字成了一道枷锁，为了赢得自身在现代教育中的合法性地位，"乡村"成了一个急于抹去的印记，急于从"乡村"的身份符号里挣脱出来，对学校自身使命的认识离那个时代越来越远了，学校的大楼建得越来越宏伟。在白马湖的自然风光里，乡村与学校之间的温情联系在向城市看齐的潮流中被淹没了。

不可否认的是，春晖学人是一群理想主义者，他们将自己的理想寄托于春晖中学，寄希望于教育。他们是真诚的，对现实不绝望、不放弃，执着地表达着他们内心真实的信念：用教育来为青年谋幸福。这种带有理想特质的实践是短暂的，如一个乌托邦的梦想，建立起来了，但在现实的强势下，春晖学人只有选择黯然离开，另辟蹊地，继续实行他们的教育理想，做着具体的事业。这个理想的乌托邦又确实地存在过，尽管只有那么一瞬间，但足以让处于现代社会各种改革潮流中的我们看到光亮，点燃我们对于教育更美好的期

---

① 夏丏尊：《春晖的使命》，见白惠民选编《白马湖散文十三家》，上海文艺出版社，1994年，第211页。

待与梦想,让我们摆脱急功近利,放下浮躁,为理想撑起一片天空。春晖中学是理想化的产物,真正的纯正教育在当时的社会现实中是不可能实现的。但也正因为它是一种理想,一种希望,支撑着一个群体的行动方向,从而为我们建立了一个现代教育的乌托邦。它同时也是一种理念,有着具体的内容,指引着群体实践的方向。

乡村与教育的完美结合

春晖中学是当时乡村办学中的典范,是在对理想的卓越追求中所达到的教育的一个高度,即使在当代也是难以企及的一个境界。它既是当时教育的一个理想国,也是现代教育的一个乌托邦。山水间的生活,宽松的办学环境,先进的教育理念,给予教师一个自由闲适的环境,个体精神空间的敞开与自我的成长也得以实现。这种创造性的文化氛围能给学生以美的教化,并唤起学生对于心灵自由与美的追求,体味到求知的乐趣,学生在这种审美的趣味里改变了生命的质态。春晖中学是成功的,可它的辉煌又太短暂,只留下一瞬间的美丽如烟花般绚烂。但春晖中学这种短暂的美丽已化作一种精神,影响与滋养着后来的春晖人。春晖中学作为乡村学校同样也是成功的,它是乡村与教育的完美结合。据当时的校刊记载,春晖创办不久,学校就经常接待外来的参观访问团或旅游团,而且吸引了当时不少知名人士来此讲学。从此可以看出,春晖中学自诞生起,作为乡村的文化意象不仅影响着那个白马湖畔的西徐岙村,而且它的存在给乡村增添了一抹新气象。它的成功为我们思考当今乡村教育的出路提供了很好的借鉴。

现代学校是作为国家意志的体现,为国家社会培养所需要的人才乃是其基本功能。乡村学校同时更负载着乡村社会的希望与文化教养的重任,它存在于乡土社会对于教育的美好想象里。但乡村学校存在的意义不应该是单纯地让村里孩子接受教育,担负着父辈们的期待,走出乡村,从此不再面朝黄土背朝天,而成为家族兴旺之所系。现代化对于乡土社会全面冲击,乡村永远在不停地追赶着城市的步伐,以致乡村自我逃遁失色,现代化、城市化的气息让乡村原本的色彩渐渐模糊。我们只能在记忆里回忆与重温乡土的小溪、青蛙、星空、乡间艺人……乡村文化日渐荒芜,而学校与乡土原本温情的联系日渐松散,沙漠中的绿洲往往成了海市蜃楼。乡村本土资源在学校教育中的位置远没有现代技术所带来的便利让人着迷,乡村少年往往沉迷而又彷徨,生命存在的根基陷入这种震荡之中,摇摇欲坠。乡土对于乡村少年而言是他们生命里最深的烙印,童年时光在与乡土的亲近里、在大自然的亲抚里自由健康成长,这是任何教育都无法给予的珍贵经历。而乡村学校在乡土社会找不到自己存在的价值,显现不了它应有的特质,在与城市教育接轨的过程中迷失了自己的方向,处处处于被动接受的地位。乡村少年在开放化社会与多元价值环境里同样是弱势的,由于自身缺乏足够的价值甄别与选择能力,而以城市为中心的学校教育趋势欲将乡村少年从乡土里圈离出来,将与他们生命息息呵护的自然里分离开,乡村教育所具有的乡村社会的文化特质没有得到充分善待,反而被遗弃与忽略,欲求摆脱而充分城市化。乡村学校所应给予乡村文化精神生活的引领也远未受到重视,学校在乡村中是孤立的。"乡村"成为学校急于摆脱的身份符号,为了在现代教育的竞争中争得一席之地,学校千方百计地遮掩"乡村"的身份特征。

所以,重新强调乡村学校的文化使命不仅非常必要,而且十分紧迫。乡村教育的责任在于为乡村少年的生存奠定一份基石,不仅是为了找到求知的乐趣、创造的热情,更多的是他们自我生命生存根基的培植,这个根基是基于乡村文化的丰富、认同、承载之上的,为他们的成长增添一份厚度,让生命尊贵地、骄傲地存在于大地,立足于人世间。另一方面学校存在于乡土的意义应该是引导、构建、扶植乡村文化，引领乡村社会健康积极的文化生活，尽可能将本土资源充分利用起来，不仅是作为教材，而且应引导乡村少年去尊重与开掘，从而帮助自身与乡村的建设。这也是乡村与教育完美结合之所在。

历史书写就是记住那些正在被忘却的东西。傅国涌主编的《过去的中学》一书的出现，给我们打开、唤醒了一段记忆，通过回忆的形式，向人们展现了一所所老中学的风采与精神面貌，其中北师大附中、天津与重庆沙坪的南开中学、春晖中学等等成为历史中的"特殊"，将人们的视野拉回到那些逝去的、渐渐被人忘却的历史中，而对于一些有着深厚文化积淀的老中学的研究还只是处于边缘的地位，只停留于怀念、回想、感慨等主观情绪与感情的抒发之中，尚未进入到教育研究的主流位置。傅国涌在该书的前言中写道："看一看那些过去的中学老师，他们曾经怀抱着怎样的人生追求、知识志趣，而不仅仅为稻粱谋，不仅仅向学生重复现成的教科书？看一看过去的校长，他们的教育理想、人格风范，看一看昔日的校园，弥漫着怎样的一种空气，莘莘学子是在怎样的一种氛围中学习、生活、成长？"我们不仅要回过头去追寻那些逝去的教育传统，更要往前走，带着这些历史弥留的珍贵经验。春晖中学这段旧历史的再现，其意义是双重的，一方面对于那个时代的人而言，它是理想化的，是一曲春晖学人共奏的理想的田园牧歌，它的存在是短暂的，恰似美丽总是愁人的。因为脱离了人格的基础，只能在瞬间灰飞烟灭。另一方面，对于现代语境中的我们而言，春晖也是理想化的，在对教育千头万绪改革与失望的境遇中，春晖中学让我们找到一丝光亮，让我们的理想有了一丝寄托。而这种理想的特质，敞开了我们对教育想象的空间，在这种语言所构筑的话语空间里来重新审视当今的教育。当我们的生活变得艰难时,唯有把理想的城邦建立在每一个人的心中,任何时候对于美、善的追求都是一个艰巨的而又让人痴迷的事业。

|乡土的逃离与回归：乡村教育的人文重建|

鲁迅和沈从文：
乡土中国教育发展的两种精神脉象

历史进入 20 世纪，乡土中国开始蹒跚地迈入现代化的历程之中。究竟以何种方式进入现代性的门槛，不仅涉及中国现代化的基本路径，当然，更直接地，涉及乡村社会在现代化中的位置，也更深地影响了我国乡村教育发展乃至整个现代教育发展的内在理路。

社会发展是一个内在的整体，我们置身其中的核心理念往往决定了社会发展的基本精神脉象。乡土中国无疑是传统中国社会的最基本的特征，不管怎样，中国社会的现代化路径跟如何面对乡土中国有着极其重要的关联。20 世纪初，以鲁迅和沈从文为代表的中国杰出知识分子在面对乡土中国与现代性的相遇之时，传达各自不同的立场，一种是启蒙—改造型的，一种是回归—保守型的。不同立场意味着乡土中国在现代化过程中全然不同的价值位序。由于现实的危难，中国社会的历史选择乃是启蒙—改造型的社会发展理路，以致乡土中国与外援性的现代化之间的内在紧张问题被遮蔽。这直接导致当下个体置身现代化的过程中内在精神资源的缺失。今天，

鲁迅和沈从文：乡土中国教育发展的两种精神脉象

在乡土价值在现代教育体系中阙如的背景下，沈从文的立场难能可贵。怎样面对乡土中国的悠远传统，深度阐发乡土社会的内在意蕴，并以此作为现代教育的精神基础来拓展当下教育的可能性。与此同时，深度阐发乡村教育的内在精神，给乡村少年的发展注入本土的精神资源，这对于乡村少年的健全发展有着极其重要的意义。

面对乡村社会的两种姿态

作为20世纪中国文化精神杰出代表的鲁迅和沈从文，由于他们的出身、性情、文化背景等的差异，以及他们跟乡村中国表现出来的不同的联系，使得他们在都非常关注乡土中国的同时，对以乡土中国教育发展，中国乡村社会的发展与乡村教育的内在理路的思考呈现出全然不同的精神脉象。

鲁迅，1881年诞生于浙江绍兴城内东昌坊口周家，祖父周福清（1837—1904），翰林院庶吉士，曾任江西金欲县知事。1893年秋天，祖父因科场舞弊案被捕入狱，押在杭州府狱内。其后不久，父亲吐血病倒。身为长子，鲁迅挑起生活的重担，除读书外，还要出入当铺和药房，遭受冷眼和侮蔑。1896年，父亲病逝，家境急剧衰败，甚至招致亲戚本家的欺侮。鲁迅因为家庭的变故，"从小康人家而坠入困顿"[①]，他对乡村社会的姿态，也经历了一种由充满着美好的幻象而变得消极的过程，这可以从《故乡》中对少年闰土的记忆与见面时一声"老爷……"就让"我打了一个寒噤"[②]的对比可以看出来。由此，更多地作为鲁迅的乡村世界印记的，主要是以阿Q、祥林嫂等作为国民劣根性的代表。鲁迅面对乡村社会的姿态更多的是

---

① 鲁迅：《鲁迅全集》，第1卷，人民文学出版社，1981年，第415页。
② 同①，第482页。

| 乡土的逃离与回归：乡村教育的人文重建 |

一种启蒙的姿态，或者叫做铁屋子的呐喊①，他是要喊醒在乡村大地上沉睡的人们。

从小生活在湖南湘西凤凰小城的沈从文，因为其年少时期与湘西美丽乡土的亲密接触以及对湘西少数民族民风民情的耳濡目染，从而形成了一种以"乡下人"自居的生命姿态。他在《从文自传》这样写道："我就生长在这样一个小城里，将近15岁时方离开。出门两年半回过那小城一次以后，直到现在为止，那城门我不曾再进去过。但那地方我是熟习的。现在还有许多人生活在那个城市里，我却常常生活在那个小城过去给我的印象里。"② 当沈从文从远离现代性的边缘进入到现代性的中心，他身上表现出来的是对以城市为代表的现代生活的惶恐与对乡下人生存姿态的坚守。他坦言自己"实在是个乡下人"，他评价乡下人"有根深蒂固永远是乡巴佬的性情，爱憎和哀乐自有它独特的式样，与城市中人截然不同"。他还说道："城市中人生活太匆忙，太杂乱，耳朵眼睛接触声音光色过分疲劳，加之多睡眠不足，营养不足，虽俨然事事神经异常尖锐敏感，其实除了色欲意识以外，别的感觉官能都有点麻木不仁。这并非你们的过失，只是你们的不幸，造成你们不幸的是这一个现代社会。"③ 他正是置身于对现代性的必要的芥蒂与惶恐之中来寻求自我精神本体的存在，他极力表现的就是与现代性保持着必要距离的生命世界，传达古老的湘西大地孕育出来的一种充满田园诗意的生命姿态。正如他在《边城》题记中所说，他的书是要让人们知道"中

---

① 参见鲁迅：《鲁迅全集》，第1卷，人民文学出版社，1981年，第419页。
② 沈从文：《沈从文散文选》，湖南文艺出版社，1981年，第5页。
③ 沈从文：《从文小说习作选》，上海：上海书店，1990年，代序，第3、5页。

鲁迅和沈从文：乡土中国教育发展的两种精神脉象

国另外一个地方另外一种事情"①，他就是要在当下人们正孜孜以求的现代化之外，用作为他的生命本体的湘西风土人情来搭建人性的小房子，"用少料，占地少……既经济又不缺少空气和阳光"。② 他写得最好的小说是上世纪二三十年代身居北京而写的故事，当他以现代性作为他者，他心中流淌出来的就是湘西和那里的人们所表现出的淳朴自然和优美的人性。这其中杰出的代表就是《边城》里的翠翠，甚至还包括众多的兵士、妓女等。沈从文在《抽象的抒情·题记》说，"照我思索，能理解'我'；照我思索，能认识'人'"。正是以现代性为他者，沈从文找到了他赖以依归的牧歌般的田园世界，传达出一种"优美，健康，自然，而又不悖乎人性的人生形式"。③

如果说鲁迅的乡下人身份是客串的、临时的，那么沈从文的乡下人的姿态就是生命深处的，甚至可以说是他的全部文化精神的源泉，而作为启蒙者的鲁迅其身上的文化精神显然并不是来自他的乡村生活经历，而是"走异路，逃异地，去寻求别样的人们"④，或曰"别求新声于异邦"⑤。乡村社会对鲁迅而言乃是他者，对沈从文而言就是自我存在本身，沈从文本身就成就于湘西这一块风土人情，他所浸润其中的乡土文化，而他所代表的乡村文化又通过他表现出来，沈从文和他所代表的乡土文化是互为一体的。鲁迅和沈从文也因此而成为现代中国知识分子面对乡土中国与乡村社会的两种姿态，一种是作为乡土世界的他者的姿态，一种是作为乡土文化的言说者

---

① 沈从文：《〈边城〉题记》，参见刘洪涛：《〈边城〉：牧歌与中国形象》，广西教育出版社，2003年，第82页。
② 沈从文：《〈从文小说习作选〉代序》，上海书店，1990年，第5页。
③ 同②。
④ 鲁迅：《鲁迅全集》，第1卷，人民文学出版社，1981年，第415页。
⑤ 同④，第65页。

的姿态。由此,实际上也成为现代中国如何应对乡土社会的两种姿态,一种是文化启蒙的、改造的姿态,一种是回归乡土的、略带保守的姿态。当然,这里的"保守"并非简单的怀旧,或者维护旧的社会形态,而毋宁是一种生命的姿态,一种接近民族、历史底层,来呵护人性之自然、优美与崇高的文化姿态。沈从文在《〈长河〉题记》中这样写道,"地方上年事较长的,体力日渐衰竭,情感已近于凝固,自有不可免的保守性。惟其如此,多少尚保留一些治事作人的优美崇高风度"①。这里的"保守"并不是相对于社会变革。

乡土社会在现代性中的不同位序

鲁迅和沈从文,两个人尽管都对巨变中的乡土中国怀抱忧虑,但各自面对乡土社会发展的立场大不一样。两个人的差异,源自出发点的不同,一个由于接受西方文明的洗礼而使自己置身现代性之中来看待乡土社会,另一个则始终在内心中固守着处于现代性边缘的湘西山水世界。现代性意味着一种生存方式的变化,它和传统生存方式表现出一种时间观上的差别。一个是动态的时间观,一个是静态的时间观;一个是站在动态的现代性时间之中看待乡村,一个是站在静态的乡土世界之中来看待现代性,两个人持守着不同的时间观。

鲁迅的时间观以进化论作为重要的思想的基础,他看到的历史是滚滚向前的,既然历史朝着向前的方向直线进化,我们就应该剔除时间中那些落后的因素,显现出一种维新的品格。在他眼中,乡土及其代表的文明形态,已经成为中国传统文化藏污纳垢的大本营,诸如人身买卖、一夫多妻、缠足拖辫、灵学、吸食鸦片、劫掠残杀

---

① 沈从文:《〈长河〉题记》,《沈从文小说选》,下卷,人民文学出版社,1995年,第341页。

等等,"没一件不与蛮人的文化恰合"(《随感录四十二》),乡下人——无论是闰土、祥林嫂、华老栓、七斤,还是阿 Q——身上的"奴隶意识"像传家宝一样代代相传,从不舍得丢弃,他们"不但安于做奴才,而且还要做更广泛的奴才,还得出钱去买做奴才的权利"(《我谈"堕民"》),麻木又愚蠢,可怜又可憎。"鲁迅以麻木、愚昧、顽固、残忍为乡土作出的定义,参照的背景是一系列现代性的观念,诸如科学、启蒙、进步等知识分子话语。"① 原始的乡村在他的言说中被作为待启蒙的他者,而被整体地纳入现代性的知识话语体系中。

鲁迅在北京大学二十七周年纪念的时候写的《我观北大》中写道,"北大是常为新的,改进的运动的先锋"。鲁迅所遵从的生命姿态,就是要去旧维新,"改造国民性"乃是鲁迅一生持守的主题,实际上也是他的乡土社会教化的根本立场。正因为站在这种去旧求新的现代性的门槛里,鲁迅看到的是乡村社会的顽固、静态、守旧,以传统作为基本特征的、停滞不前的乡村社会在转向现代性的过程中,是如此的迟钝,缺少自我更新的力量。显然,鲁迅更多地看到的是乡村生活的落后与现代性匮乏的一面。由此,在鲁迅看来,我们必须要进入现代性的门槛之中,中国的乡村社会必须完成现代化。鲁迅是以启蒙者的姿态,以改造国民性为己任,他的目标是把传统的乡村社会带进现代性之中,所以才会"哀其不幸,怒其不争"。但如果我们只看到乡村社会的这一面,那乡村社会就只能作为现代化的他者与改造对象而进入当下的时间之中。

沈从文提供的是另外一个完全不同的视角,不同的时间观。这里涉及一个背景的差异。鲁迅生活在浙江绍兴,长期以来就是中国文化的中心区域,更容易转入现代性的嬗变之中,也更容易体现社会变更的需求。而湘西地处中国社会的边缘,一直就与社会的中心

---

① 祝勇:《出走与归来》,《十月》,2006 年第 4 期。

保持距离,更少地受现代文化的冲击,这种文化质态正是沈从文生命世界赖以维系的重要的精神资源。他站在静态的时间观上,看到的正是日益变化的、捉摸不定的现代性的时间中,不变的乡村社会所呈现出来的优美和自然。他执着于自己的"乡下人"姿态,对现代性心存惶恐与芥蒂,他把自己的心安顿在他年少时耳濡目染的湘西田园世界中,在那里,讴歌人性的自然和优美,并以此来对抗现代化对自然人性的侵蚀。"沈从文的世界是一个取消了时间性的世界。在日升月落、四季更替、生命轮回这些自然现象的启示下,这里的时间表现为循环时间,时间的指向不是前方。它是圆形时间——如同周而复始的钟表,而不是线性时间。"① 沈从文在多变的 20 世纪的中国,守住了一份不变的宁静的乡土。

很显然,在沈从文看来,静态的乡村社会不是现代性改造的对象,因为它是超越现代性的,是超越时间的,具有某种永恒性,田园中具有的诗意和对自然人性的呵护恰恰应该是现代性的底色。这表现了沈从文对历史、对人性、对社会发展的整体的、智慧的把握。他敏锐而深切地看到了现代性的变故中,如何"使一些首当其冲的农民,性格灵魂被大力所压,失去了原来的质朴,勤俭,和平,正直的型范以后,成了一个什么样子的新东西",他的书写就是要"把这个民族为历史所带走向一个不可知的命运中前进时,一些小人物在变动中的忧患,与由于营养不足所产生的'活下去'以及'怎样活下去'的观念和欲望,来作朴素的叙述。"② 他正是要在这变幻的时代中留住某种永恒的依恋,以此来作为变化社会中可以持守的永恒的依据,作为年轻人置身变化世界可以坚守的精神家园。沈从文

---

① 祝勇:《出走与归来》,《十月》,2006 年第 4 期。
② 沈从文:《〈边城〉题记》,参见刘洪涛:《〈边城〉:牧歌与中国形象》,广西教育出版社,2003 年,第 82 页。

的执著，乃是要提示我们，现代化不是一切，我们在迎接现代化的过程中，还需要超越现代性的时间，达到对永恒的把握。正如胡塞尔所说："我们还是必须要坚持，我们始终意识到我们对人类所承担的责任。我们切不可为了时代而放弃永恒，我们切不可为了减轻我们的困境而将一个又一个的困境作为最终无法根除的恶遗留给我们的后代。"

鲁迅和沈从文：对立与互补

鲁迅和沈从文代表了现代中国面对乡土社会的两极。以鲁迅为代表的知识分子群体，接受西方现代文明的洗礼，面对乡村社会显现出的基本姿态是逃离，试图以启蒙者的姿态来唤醒民众，改造乡土社会的愚昧。沈从文则站在另一极，传达出来的是对乡土的依恋，是回归乡土。他摆出的不是一种启蒙者的姿态，而是一种保守的姿态。作为20世纪中国杰出知识分子代表，两个人的思想都是建立在对现代中国内在的焦虑之上，都看到了乡土中国置身现代性之中的民族危机。只不过由于各自的立场不同，所以应对危机的立场也不相同。

鲁迅看到的是国民性中的愚昧，"哀其不幸，怒其不争"，要把国民带入到现代性的追求之中。鲁迅提出要建立"人国"，先"立人"，再"立国"，他是要让现代国民如何不被时代所淘汰，要让乡土中国置身于现代民族之林。要走出在中国传统社会"想做奴隶而不得"和"暂时做稳了奴隶的时代"的循环，给中国人赢得现代国民的资格，建立人国，这是鲁迅思想的基本出发点，也是他改造国民性的基本旨趣。沈从文看到的是同样的问题，但他同时又对现代性有一种刻骨的芥蒂，对未来的命运持不可知态度。他发现国民，特别是湘西村民，在现代性的各种变故之中发生了很大的转变，自私、狭隘、愚昧等。但他救治的药方是不一样的，他要以民族的底色、自然的人性来救治现代性可能带来的存在的虚空，同时矫正乡村世界中正在荒疏的人性。他选择的方式不是逃离、出走，而是回归，回归民族的底色，回归自然的人性，他试图从这里开始，重新激发年轻人的正直和热情，同时又保有民族的底色。鲁迅是要争取个体置身现代社会的资格，而沈从文则是给予生命根底一种温润。一个关注的是可见的，和时代步伐的吻合；一个是不可见的，是超越时代的。一个是改造型的教育理路，一个是保守型的教育理路。

如果说鲁迅"改造国民性"的教育设计理路乃是要培育"真的猛士"，[1] 在现代民族国家之林中建立中国作为人之国，"外之既不后于世界之思潮，内之仍弗失固有之血脉，取今复古，别立新宗，人生意义，致之深邃，则国人之自觉至，个性张，沙聚之邦，由是转为人国"[2]，那么，沈从文的教育设计则是要给在现代性的旋涡中淘空了民族底色的现代国民以鲜活、自然而丰盈的人性内涵，让人们"从一个乡下人的作品中，发现一种燃烧的热情，对于人类智慧与美丽永远的倾心，康健诚实的赞颂，以及对愚蠢自私极端憎恶的感情"，刺激人们，引起人们"对人生向上的憧憬，对当前一切的怀疑"，[3] "让正直和热情……保留些本质在年轻人的血里或梦里"，并"重新燃起年青人的自尊心与自信心"，以"坚韧和勇敢"，战胜"民族忧患"[4]。亦如他在《边城》题记中所写："对于农人与兵士，怀了不可言说的温爱，这点感情在我一切作品中，随处都可以看出。我从不隐讳这点感情。……因为他们是正直的，诚实的，生活有些方面极其伟大，有些方面又极其平凡，性情有些方面极其美丽，有

---

[1] 鲁迅：《鲁迅全集》，第3卷，人民文学出版社，1981年，第277页。
[2] 鲁迅：《鲁迅全集》，第1卷，人民文学出版社，1981年，第56页。
[3] 沈从文：《从文小说习作选》，上海书店，1990年，代序，第7页。
[4] 沈从文：《沈从文小说选》，下卷，人民文学出版社，1995年，第341、344页。

|鲁迅和沈从文：乡土中国教育发展的两种精神脉象|

些方面又极其琐碎，——我动手写他们时，为了使其更有人性，更近人情，自然便老老实实的写下去。"①

在民族遭遇千年未有的剧变之时，鲁迅更多地在不变的现实中求变，"表明了他全面接受西方主导的现代生存原则的决心，开始以'人类'的眼光代替'民族'的眼光"②；而沈从文则强调在变动的现实中求不变，直面"这个民族真正的爱憎与哀乐"③，他是期盼着要"在变化无常的时空中，必须以一些恒定的价值与其对抗，以避免自身的泯灭，而那个恒定的价值，便是美的人性，是民族的美德，是治事做人的正直素朴的老一套优美风度"。④ 如果说鲁迅的启蒙与改造体现了社会发展的主流，体现了民族国家生存与发展在现时代的根本性需要，那么沈从文的回归与保守则体现的是民族国家融入现代性的背后赖以维系的，千百年来纠结于乡土中国深处的人性的、民族的生命底色，是对于置身现代性中的国民何以安身立命的生命根子的温润。单从个体安身立命的视角而言，鲁迅更多地关注的乃是人格的建立，而沈从文则更多地关注个体安身立命的人性基石和情感孕育；鲁迅更多地关注人格的独立，沈从文更多地关注人性和人情的丰富性，以抗衡个体人生可能遭遇的现代生活的单一性的冲击。

变与不变，无疑乃是现代中国社会发展与教育发展的根本性主题。不变不足以求生存，变是绝对的；但变中又应有所不变，不变是为了孕育个体生命与民族生存的精神根底，不至于因浮躁失去朴素的底色。设计性的发展理路是要使民族与教育的发展从过去的窠

---

① 沈从文：《〈边城〉题记》，参见刘洪涛：《〈边城〉：牧歌与中国形象》，广西教育出版社，2003年，第82页。
② 祝勇：《出走与归来》，《十月》，2006年第4期。
③ 同①。
④ 同②。

131

臼中摆脱出来，使民族走上新生的道路；保守性的发展理路则是要使民族保持自然与历史深处的精神血脉，保持民族朴素而生动的精神根底。不管怎样，鲁迅和沈从文都是站在乡土中国的大背景上，都真切地把握了置身现代性之中的民族发展的危机，并从各自的立场给出了至今依然发人深省的疗治路径。他们在面对乡土中国说话时，实际上是在面对整个民族社会的发展说话，他们关切的乃是我们民族发展的历史与命运。

乡土中国：历史选择与时代处境

鲁迅和沈从文，面临相同的历史背景，都怀着对"历史上能负一点儿责任"[①]的态度，以及乡土中国何以进入现代性的忧虑，各自又站在不同的立场，看到的乡土社会不同的一面，从而传达出乡土中国教育发展的不同精神脉象。在表面上他们是两种对立的立场，但实际上是我们今天置身现代性中何以面对乡村与乡村教育的两种互补的态度。两个人的思想结合起来，足以构成现代中国教育精神的完美结构，既能适应时代的脚步，又能保留民族的底色。但历史的选择并不如此，由于现代中国救亡图存的现实吁求压倒一切，社会发展的精神脉络是由五四运动的启蒙，到随后的革命，再到1949年后的建设，民族的生存与发展成为贯穿其中的、压倒一切的主题。也正是在这个背景下，历史选择的是鲁迅所开出的启蒙—改造型的设计理论，尽管鲁迅启蒙的"改造"和后来以革命主题为中心的"改造"有很大的区别，但后来革命中的改造理路，以至社会主义建设时期的改造理路，实际上都是鲁迅等人所开启的去旧布新的设计——替代型教育理路的延续。

由于现代中国的核心问题是民族国家的建立这一现代性的中心

---

① 沈从文：《从文小说习作选》，上海书店，1990年，代序，第8页。

鲁迅和沈从文：乡土中国教育发展的两种精神脉象

问题，长期贫弱中的中国社会首要的目标是急切地进入现代性的门槛之中，乡土中国这一作为中国社会现代转型的基础性问题，实际上遮蔽在现代民族国家建立这一中心问题之中，从启蒙到革命到建设，不同阶段不同主题的嬗变，都是在现代民族国家的框架之中。乡土中国的内在意蕴从整体而言，并没有进入现代中国的教育视野之中，沈从文的教育理路在宏大的社会主题面前是被遮蔽的，仅仅保存在少数知识分子的精神世界之中。以梁漱溟、陶行知等人为代表的乡村教育运动，实际上所体现出来的教育精神也不是保守的，而是以适应现代生活为目的，显现出改造乡村社会的精神旨趣。尽管他们在外在形式上和乡村社会靠得很近，但更多地倾向于对乡村社会表层的适应，而并没有足够地深入到沈从文所开启的民族的文化的生命的世界之中，其内在的教育理路，迥异于沈从文的教育理念。实际上，沈从文扎根乡土的教育理念一开始就是寂寞的，非现实化的。

中国的现代教育在不断地谋求与西方接轨的同时，首先是学日本，然后学美国，再学苏联，实际上失去了某种民族的生命的底色，这直接就导致20世纪现代中国教育内在精神的整体贫乏。特别是，20世纪后期应试教育之所以风起云涌，长盛不衰，一个重要原因就是20世纪的中国没有充分地立足于乡土中国的背景，有效地培育出现代中国教育的内在精神血气。这种精神血气的来源，一是千百年来沉淀在历史深处的民族精神底色，一是生命原初的底色，也就是自然人性。我们在追求现代化的宏大目标时，恰恰失去了对历史深处的民族精神底色的悉心呵护和对自然人性的眷顾，使得我们的教育设计疏于培育个人生命的精神之根，也失去了当下教育本身的鲜活血气。

中国社会在谋求以城市化为内容，以物质的现代化为中心的现代化过程中，忽视了乡土中国的社会底蕴。直白地说，我们的现代化并没有积极面对乡土社会的问题。我们的不乏浪漫的现代化想象，一开始表现出来的就是设计型的思路。我们急于从传统中脱身而出，以至于在走出传统的伦理化社会的同时，也把乡土中国民族与历史的底蕴通通抛开，从而使得我们的现代化并没有扎根于乡土中国的历史底蕴之中，这直接导致我们的现代化追求的本土性问题。这从我们当下的教育改革可见一斑。乡土社会自身的价值意蕴并没有得到足够的尊重，而更多的只是作为革命、历史、民族国家、现代化、城市化等宏大主题的点缀。教育与乡土中国内在价值的剥离，乃是我们当下教育精神贫乏的重要原因。大量移植的西方教育理念与教育现实之间构成的某种紧张，其根源之一正在于我们的现代教育追求与乡土中国底蕴之间的疏离。今天，我们的教育更多地是建立在对当下生活世界的适应之中，教育形式很喧哗，但教育的内在视野并不开阔；教育的外在条件与形式得到了极大的改善，但是教育的深度和广度，教育的境界并没有相应的扩展。回顾鲁迅和沈从文当初的思考，让我们重新面对乡土中国这一当下中国社会与教育发展不可忽视的基础性问题。正因为如此，我们需要重新回归鲁迅和沈从文他们思想出发的地方，回到现代教育的原点，重新审视、探寻现代教育与乡土中国之间内在而生动的联系。

乡土中国的价值重建

随着现代化的深入，我们越来越多地感受到乡土中国历史传统对当下个体的影响，以及这种影响造成的我们与现代生活之间微妙的紧张，由此而启迪我们思考，我们究竟需要怎样的现代化，更直接地，我们需要怎样的作为现代化内在支撑的精神资源？乡土中国与当下教育发展的内在精神联系问题，再一次严峻地显现在我们面前。

由于历史的选择更多的是设计改造型的教育理路，就目前而言，

鲁迅和沈从文：乡土中国教育发展的两种精神脉象

我们在全面审理当代教育与鲁迅立人理想之间的距离的同时，更需要关注沈从文的教育理想，关注长期以来被遮蔽的，回归乡土的保守型教育理念。换言之，沈从文的教育理念在今天有着特别的意义。沈从文教育理念最重要的两个方面，一是对民族精神底蕴的一种理解，二是对人性自然的一种回归。重温沈从文的乡土理念，就是要给予我们当下越来越多地沉迷在技术训练、流行文化、物欲的追求之中的青少年以另一种形式的精神滋养来激活他们的生命形态，激活他们人性自然中被遮蔽的热情、正直、温热的生命世界，从而给他们的生命存在以质朴的，富于民族底蕴的精神滋养，以对抗当下教育的功利化、去民族化，这是我们今天重温沈从文乡土理念的根本要义之所在。在这个意义上而言，沈从文的教育理想不仅仅是面对乡村社会，而是面对整个现代中国。他直接关涉的是当下国民的精神脉象，关涉当下国民置身现代性中依然难以勾销的内在紧张的缓解。鲁迅下的是猛药，沈从文下的是温补的药。今天，我们所需要的正是温补，一点点裨补精神的根基。

接近乡土，回归自然，并不是要显明现代人的优越感，而恰恰是弥补我们当下生命的缺失，是重新甄定我们生命的出路，是我们当下生命发展本有的需要。只有我们认识贴近乡土、回归乡土，乃是生命本有的需要，是置身现代性中的国民精神发展的需要，我们才可能发自本心地去呵护自然、理解乡土，重建人与自然的和谐，这其中就包括人与外在自然、人与自身自然的和谐。今天的教育涉及的一个关键的问题是，今天的孩子们是否还有可能把乡土作为自己生命的资源？乡土中国作为教育背景的缺席，直接导致乡村社会在现代教育体系中被边缘化，即使是乡村社会在教育中得到了足够的呈现，但在应试教育的背景下，我们对乡土的利用也在很大程度上带有功利的色彩，不足以作为儿童发展的本体性精神资源，即以乡土中国作为个体生命认同的基于审美的精神支持。乡土在中国传

|乡土的逃离与回归：乡村教育的人文重建|

统社会中具有某种宗教的意味，所谓叶落归根，魂归故里。这意味着在现代性的社会中怎样重建乡土社会的本体价值，而不是以俯视的姿态把乡土作为工具，简单地纳入当下中国人的生命品质之中，这实际上是缓解当下国人的生存的焦虑，扩展生命意义的可能性的重要途径。这不仅仅是立足于乡村，更是立足于现代性，立足于国民精神的健全发展。正因为我们是要面对现代性来谈论乡土教育，乡土教育的空间就扩大了，它就不可避免地成为今天中国现代教育的重要组成部分。

与此同时，我们又要避免把乡村社会与乡村教育过于理想化。这里面至少有两点是不可忽视的：一是当下的乡村社会本身发生了很大的变化，既不同于鲁迅笔下黯淡的故乡，同样也早已不是沈从文的带有乌托邦意味的纯美的边城。我们需要直面当下乡村社会本身的问题，发掘潜在的教育资源，而不是一味地把乡村社会浪漫化。实际上沈从文同样表达了对乡村社会所出现的各种问题的忧虑，他不过是要以其中还存留着的鲜活的人性来对抗日渐衰微的人心，他是要"把最近二十年来当地农民性格灵魂被时代大力压扁扭曲失去了原来的素朴所表现的式样，加以解剖与描绘"[①]。理想的乡村同样需要、甚至也只能在我们的逻辑之中，在对现代教育的整体筹划中建立起来，以甄定个体精神发展的方向。换言之，现实的乡村生活同样是需要建设与引导的，以鲁迅的思想为中心的改造与建设的乡土教育观实际上很长时间都还是我们乡村教育设计的主导性路径。二是乡村社会与当下社会整体的现代化是紧密相连的，我们不可能让乡村自外于当下社会的现代化浪潮之中，哪怕这种现代化是单一的、有问题的，我们也没有阻止乡村社会求富裕的权利。正因为如

[①] 沈从文：《沈从文小说选》下卷，人民文学出版社，1995年，第341页。

此，我们在教育中不能、实际上也不可能过分地渲染乡村价值与乡村生活的可能性。我们只可能是在促进乡村社会适应现代化的过程中，促进乡村生活的内在转向。

不管怎样，改造国民性是我们社会没有完成的主题，乡村怎样以积极的姿态融入现代性之中，重温鲁迅的主题乃是我们很长一段时间重要的社会主题，也将是我们乡村教育的基本出发点。我们需要看到乡土社会对现代性不适应的一面，而不至于重新陷于保守与封闭。与此同时，我们又不能不重新面对这些基本问题：究竟什么是现代化？什么是教育的现代化？什么是人的现代化？现代化何以面对永恒？人的现代化与科学技术的现代化有着质的差别。自然与人为之间的平衡乃是人类永恒的主题，教育的现代化和人的现代化必须要在自然与人为之中保持恰当的平衡。在这个意义上，鲁迅和沈从文，一个都不能少。

正因为如此，以乡土中国为背景的中国教育的现代化和人的现代化本身就意味着向乡土与自然不断地回归，现代化本身并不排斥古典，现代化以永恒为基石。既然如此，以古典的姿态看护现代化，拓展现代教育的视野，显现乡土社会作为现代教育基础的背景与价值，拓展当下中国社会的乡土精神资源，这难道不是我们当下教育现代化追求的应有之义？

重建乡村社会的文化想象

费孝通先生的"乡土中国"不仅仅是一种文化质态的描述,它实际上是对中国人基本生命质态的一种表达。作为以农业文明为主导的社会发展,乡村不仅作为事实与国人的生命品质息息相关,而且作为文化想象而深入国人的精神血脉之中。这不仅可以从汉语言文字的象形特征得到充分的印证——实际上这种象形文字对当下中国人精神品格的影响远在我们的想象之外——还有浩如烟海的古典诗歌,以及音乐、绘画、书法等艺术形式,都可以充分地表现出来。从"关关雎鸠,在河之洲;窈窕淑女,君子好逑"的以物引情,到"闺中少妇不知愁,春日凝装上翠楼。忽建陌头杨柳色,悔叫夫婿觅封侯"的以物生情,到"两个黄鹂鸣翠柳,一行白鹭上青天。窗含西岭千秋雪,门泊东吴万里船"的以物言情,天(自然)与人合一、情与景合一,乡村社会作为文化想象与中国人生命的真切联系,乃是无所不在、水乳交融。这种生动的联系穿越时间与空间,直接成为中华民族向前发展的精神血脉。

当日益膨胀的现代性以一种无孔不入的强大力量在世界各地急

重建乡村社会的文化想象

剧弥散,颇有席卷全球之霸势时,作为现代社会结构中更接近人类原初生活模式的乡村社会,自然也未能幸免。现代性的蛮横侵入让原初的乡村社会形态在短时期内跌落成一块块细小的、极易被时光吞噬的碎片,作为一个整体的乡村社会随之便开始逐步走向没落,这种没落起始于个别乡村内在形式的改变与消解,然后发展到大量的潮流性的乡村社会集体的异化。虽然我们不可能确切定下那个在人类历史上发生异变的源端点,但乡村社会作为一种意象性的没落,以及在现代性的围裹之下这种消解速度的加剧,却是一个可以充分感受到的事实。

伴随人类文明进步而发生的社会改变本是一种自然状态,作为自然的变化速度有的时候并非人类所能把握得到。甚至就人本身而言,对一些自然性变化的感知与否根本就无伤大碍。不过,现实社会的发展更多的还是建立在人类自身的创造力之上,所以,如何让人类自身的创造力与自然变化相契合,对于保证社会长远良性发展而言便具有十分重要的意义。从人类发展的实际历程来看,过于剧烈与突兀的人为变化除了带来新的物质工具享受外,同时还会带来焦虑、恐慌、不安或是短暂的狂欢,因为这种短暂狂欢之后的结果要么是身心的疲乏与痛苦,要么是无边的黑暗与虚无。原初的人类社会作为一种自然集结的团体,在自然的变转中发生的是顺应自然的改变;而过度人为的现代性,则成了一种异物刺激,它所带来的前进或创伤都将在人类历史上留下深刻而颇显突兀的痕迹。

本文把乡村的存在看作为一种文化意象——这是一种基于更接近人类原初生活模式的乡村社会的想象,试图从各种感觉以及心理牵系的层面揭示乡村文化意象在现代社会中的遮蔽的伦理,并以此为依据,探讨乡村社会的文化想象该如何激活等问题,试图唤起我们在重新思考乡土中国的背景上,怎样激活乡村社会在当下语境中的文化想象,以此作为乡村教育人文重建的内在基础。

乡村作为文化意象的存在

无论是从实际距离上来看，还是从心理感受上来说，乡村所具备的特征可以总括为两点：其一是"远"，其二是"近"。

（一）乡村作为"远"的存在

远首先是一种实在的距离，是相对于城市而言的，这说明乡村具有一种独特的地域性——它要远离城市而单独存在。这种距离是靠人的双脚或牛马的四肢来丈量的，它直接导致的是人与动物机体的疲劳。倘若在丈量距离时还要负重的话，距离的感觉要远远大于距离本身。这种距离还隐隐地蕴藏着某种危险，因为路是距离的载体，而路可以是笔直宽阔的大道，也可以是崎岖不平的羊肠小径，还可以是形势险峻的山崖峭壁；路的两旁还可能藏有豺狼虎豹。因此，从乡村通向外界或从外界去往乡村，不仅仅只是一种敦实的体力活，也是一种生命的赌注。所以，最初的乡村是闭塞、难以出离的乡村，而这种长久的重复与搁置状态，却让其与自然本身的距离越来越近。最初的乡村渗着浓郁的原始自然气息。

远还可以作为"远的状态"存在着。生蛮的冲动与激情要通过这层"状态"的缓冲与过滤，才被准许悄然释放，原本充满野性暴力气息的事物通过"远的状态"的荡涤之后，将变得沉静而柔美，却又不失其本身具有的野性美。乡村人们的人性便是在这种自然与人为的相互拥簇糅合的情境下生长出来的。"远的状态"也可对过于热烈的事物进行降温，避免强烈的炙烤引起的灼伤。这是一种审慎的态度，表明人们对自然神性的敬畏。乡村的民众自认神的存在，但心中存留的敬畏恰好保证了自身的生活与神之间的正当距离，这种距离通过"远的状态"得以更神圣的确证。

远作为一种立体上的感觉来说，便是空旷，望不到边际的空灵与旷远。空旷的乡村是个体生命空间的伸展。自然自身的丰富性与广博性预设了无数的美好事物在人类生活的道路上。在有心之人看来，空间的伸展同时也是个体发现美好事物的几率的增加。任何一次对美的发现都是一种生命的丰富，惊奇连连的生活丰富的不仅是乡村居民的生命内涵，同时也是乡村社会文化的丰盈。空旷也意味着个体生命自由的扩张，这种自由不仅停留在实际的现实空间的活动中，还包括了思绪空间的延展。空旷的乡村使天与地的距离看上去显得越发遥远而幽秘，神秘的星空通过视觉的变化抚触着人的内心，给人以神性之光降临的震颤。正是这种遥远与神秘的感触，引导着人类的想象通往变幻莫测的无限。

远还是一种对纯洁的看护，它预示着乡村本身的脆弱。因为对外物的接触很少，它可能缺乏对异物的免疫，而那实在的远距离便是乡村诞生以来就有的保护层。保护层的厚度与乡村本身的耐受度成反比，所以原初乡村的存在姿态，只属于单纯的视、听、嗅，以及皮肤上的温觉感触，是一种心灵神往的倾向，这意味着乡村需要守护，需要珍爱。乡村害怕粗暴的侵入，甚至也害怕无先兆的陌生的抚摸。

当乡村在时间与空间上都与人相隔遥远时，乡村便成了故乡。这是一种血脉上的牵连，更是一种潜意识中的不可弃舍，故诗人海子用仿佛来自前世的灵魂轻声呢喃道：

乡村的云

故乡

你们俩是

水上的一对孩子。

乡村原本是一个具体的存在，是诗人（此诗句为组诗《诗人叶赛宁》中的一节，但笔者以为，它不仅仅只写了诗人叶赛宁，也表意着一类人）生长的地方。曾经，乡村泥土的细粗硬软都是自己一手拿捏权衡出来的，而现在，流亡在外的浪子对乡村的念想，只能

| 乡土的逃离与回归：乡村教育的人文重建 |

凭借陈旧而缓慢的记忆，映现在遥远的"乡村的云"上。诗人的口里不停地细细念叨着"故乡，故乡"。这时，乡村的"远"成了一段旧旧的记忆，一份涩涩的感伤，以及一束藕断丝连的惆怅。

当整个人类都静坐在宇宙的山坡，在那朵"乡村的云"下仰望着黑白画面的陈旧影像时，诗人开始面向神灵的居所闭目祈祷：

云朵的门啊，请为幸福的人们打开

请为幸福

和山坡上无处躲藏的忧伤的眼睛

打开！①

云朵的门啊，它高高在上，人类呀，你可知道？隔在那块巨型幕布之后的，正是天堂。然而，走向这块播映着陈旧影像的幕布，路途又是多么遥远呵！也不知道过去了多少个世代，人们早已忘掉自己从乡村出走的时间与地点，忘掉了曾经一起背负行囊的同伴……那些拥有"山坡上无处躲藏的忧伤的眼睛"的人们，是在现代的房子里一代又一代地生长繁衍出的人类，他们当中，"近视患者"越来越多，那片深沉而脆弱的忧伤，只是从远古先祖传下的集体潜意识中微微残留的情绪絮沫。可怜的人们，他们再也找不到忧伤的源泉，他们只能停留于该种莫名的忧伤。诗人意味深远的祈祷是善意的，但是，闻见诗人祷言的神灵却疑虑重重：倘若我把你们都放回到你们心中所想的故乡，你们真的会得到幸福么？

乡村作为一种"远"的意象的存在，标示着人类"故乡"的渐行渐远。当"故乡"真的从人类自身的居所出走而再不复归时，我们将面临着与神灵相似的疑虑：人类的幸福是否也将由此变得愈加遥不可及？

（二）乡村作为"近"的存在

---

① 以上两节诗句引自海子：《诗人叶赛宁》。

能对乡村有"近"的认识的人，可分作两大类：其一是土生土长的乡村居民，他们的祖先埋葬于此，并且，所有的墓地也为他们自己敞开；另一是以自然缓和的姿态进入乡村的外来人员，他们都是不同时期从乡村出走的居民的子孙后代，因了基因的嗣传，他们具备一些与生于斯长于斯的人们对话的能力，乡村的坟墓也为他们敞开。作为生命最终的归宿，坟墓是决定性的终点，是人体与大地永久性的贴近。

近是一种亲切，这首先也是一种实在距离上的感觉，如同坟墓之于身体的贴近。诗人把这种与大地亲近的生活称作《活在珍贵的人间》：

踩在青草上

感到自己是彻底干净的黑土块

在这里，"踩"是一种需要亲自体验的动作，是脚与脚下之物的零距离接触。然而，此处所踩之物却是生长在大地上的青草，是看似柔弱，实际生命力却异常顽强的青草，在脚的挤迫下，有的笔直地躺着，有的曲折地弓着，有的只是倾了下身子而已，就这般用柔性的力量把脚给围裹了起来，像是给予远到而来的客人（甚至也包括尚且不明身份的侵略者）最隆重的接待礼仪。清纯而洁然的青草，给脚带来了一种从未有过的自然清新之感，仿佛自身一下子就得到了洗涤，所以立刻便"感到自己是彻底干净的黑土块"。很显然，"黑土块"首先是脚对自己的感受，然后才传给人，化做诗人对脚的这种感受的感受。"彻底干净"与"黑土块"这两个原本对立着的词语，便在这种次第相交的感受中，达成一个完美的对立统一的组合体。

与大地已融为一体的诗人此刻正幸福不已，他像忘情的歌者一般继续唱着：

活在珍贵的人间

| 乡土的逃离与回归：乡村教育的人文重建 |

泥土高溅

扑打面颊①

  毫无疑问，作为"黑土块"的诗人，对于飞溅其身的泥土，感觉必定是亲切而和美的，这一点从诗人对"高""溅""扑""打"这四个节奏明快的字符的连续运用上得到了充分的体现。而扑打在面颊上的泥土，甚至可以作为滋长肉身的营养直接吸收，诗人高涨的情绪在此登上了顶峰。然而，从实际的处境来说，如此泥土四溢的纯洁天地是稀少的，作为"彻底干净的黑土块"，诗人的生存空间无疑也是狭小而挤簇的。这一块小小的天地，是从泥土中诞生的诗人渴求回归的生命原点，是诗人无比留恋的"珍贵的人间"，他短暂的一生都在为此处的幸福而执着地活着。

  除却与大地的亲近之外，乡村的空气与太阳也可直接给人以贴近肉体的抚触，空气的清新与太阳的温暖都将直接通过毛孔便可得以感知。乡村的事物是敞开的，可以随时给予拥抱，这是一种母性的关爱与包容。一切走进乡村的人，都成了刚出世的赤裸婴孩。乡村的开敞性，意味着它将接纳一切从自己腹肚出走的孩子，任何人都可以在回家的时候，在她那粗糙却温柔的怀里哭出积蓄一生的泣泪，最后，使自己的肉身与灵魂都归依故里。

  近同样也是一种真实，如同乡村本身的毫不装饰。当民众自身都以真诚相对，乡村本身的装饰便也成了多余，因为多余的修饰造就的是心灵之间的阻隔。这种真实又将赋予人毫无保留地奉献与给予的品行。这个时候的乡村与用来耕种和提供资源的大地有着同样的隐喻，她们从来都只把自己的粗糙表面显现出来，给人一切她们所能给予的。近处所显现的事物，是一种清可见底的明晰。

  近也是一种对源头的切近。从人的发展历程来看，人的原初生

---

① 以上两节诗句引自海子：《活在珍贵的人间》。

活形态是乡村式的,而人性的原初形态,也必定是乡村式的。乡村社会的生活状态以及其自然人性,将是我们追寻先祖历史的重要凭证。而回到事物以及人性的原初,不正是显现问题本身的最根本的途径么?由此看来,这种近还带有沉重而深厚的历史严肃性。近还是一种原始力量的赤裸表达。这是一种接近理性与激情完美统一的自由的显现,最率真的冲动,最纯洁的念想,都可以在这种热烈而谐和的气氛中得以表达。

当具体到村庄这个具体的集居形态时,乡村便成了一个时间与空间共在的"近"的存在。因为,此时所有的人与物都已包容在村庄当中,村庄正是因了人、物之间的亲密交涉才成其为有生命的村庄。

村庄,在五谷丰盛的村庄,我安顿下来

这是海子题为《村庄》的诗句的开头。丰饶的村庄,诗人在此安居,这是村庄生存状态的写照,如此惬意的生活,着实令人无限神往。如果单此一句的话,住在村庄里的人们的幸福是无疑的。然而,诗人随后便接上了一句——

我顺手摸到的东西越少越好!

于是,前面那种丰实而完满的生活描述顷刻成了幻象。这一个个冷漠而尖锐的文字警示着我们,人们的每一次不经意或是刻意的触摸探索,都可能造成对眼前这个完美幻象的破坏与颠覆。从这个意义上而言,作为"近"的存在的村庄依然需要"远"的看护,异物的侵入对村庄的破坏是致命的。然而,纯粹的美好却是存在的,只不过有的时候,在人们发现它的一刹那,美好便成了过去。纯粹的美好是对瞬间感触的珍惜,从这个意义上来讲,乡村才是培养真正幸福的诗人的场所。

珍惜黄昏的村庄,珍惜雨水的村庄

黄昏对村庄的亲近以落日余晖的形式铺洒开来,雨水对村庄的亲近则以润物细无声的方式渗透其中。前者为笼罩的妆点之美，后者为洁净的清新之美。然而，二者对村庄的影响只是暂时的，在短暂的黄昏、雨水过后，诗人发出一声无限悠长的感慨——

万里无云如同我永恒的悲伤①

完美的村庄似乎只是在偶然的瞬间才会现出，而这短暂的点缀却终究掩饰不了诗人内心永恒的悲伤。因为，内心敏感的诗人早已认识到，原初的村庄早就被历史高高地悬搁了起来，为了避开现代人现代性的污蚀，神只在梦境中赐予现代人类对原初村庄的想象。人们在不停回望那昔日的村庄，企图把那短暂纯粹的美好再拉得长一些，却最终未能如愿。

于是，一个倔强的念头开始悄悄爬入脑海：诗人对村庄守护的心向，是否正意味着对日渐式微黯淡的幸福的竭力留守？

（三）乡村人的出离：远行与流浪

当远行与流浪的人们老到只能用回忆来填充生命空间的年岁时，对原点的归复将成为一种最最强烈的心向。这种心向首先是建立在身体的衰亡最终要回归土地的事实之上，另一原因便是人类祖先的意识累加，它在冥冥当中指示着最深远最幽黯的源头。而背离源头的突兀出离，便可能导致如此这般的后果——

在我回忆的岛屿上，

我从来都打不开这扇大门！②

像是一个走在人生尽头的沧桑老人，历经千辛万苦，终于找回失落的家园，却始终打不开家门的那种伤感与悲凉。我们还可以依稀看到，老人那单薄的身体正像一片枯叶一般贴在古旧的大门上，

---

① 以上四行诗句引自海子：《村庄》。

② 娜·苕菲：《我的故乡》，选自汪剑钊译《二十世纪俄罗斯流亡诗选》，河北教育出版社，2004年。

口里游离着最后几丝微弱的喘息。

　　乡村人的出离，最初是对乡村生命的延伸，因为出离的人从毛孔里散发着长久浸蕴于乡村之中的原始气息。然而，当出离的人久日不归，甚至再也无法作归返之势时，出离的人便可能陷入精神困顿的泥淖之中。因为，乡愁来了。恰如俄罗斯流亡诗人玛·茨维塔耶娃在一首题为《我的乡愁啊》的诗作开篇所言：

　　我的乡愁啊！这早已
　　显露原形的烦心事。

　　这是一种集体潜意识的回归，它也预示着人类在精神上对初生之"根地"的依附的必然。在时间的长河中，对"根地"的依附与现实生活的牵系糅合成一个"剪不断，理还乱"的线团。当这个线团越滚越大时，其内核（也是后来的线条将要围绕的中心）却渐渐为人们所遗忘。

　　仿佛有一只手，从我这儿
　　抹去了所有标志，所有日期：
　　那在某处诞生的灵魂。

　　这"一只手"当然不仅仅是时间之手，因为时间的轻柔与缓慢尚不足以抹去"所有标志，所有日期"。这证明时间之中另有他物主宰，这种他物是不同于乡村式的。就出离的人前后所处的环境而言，动作"抹去"的主人开始慢慢显现其隐匿完好的真身——它便是无所不至的现代性。出离在外的流浪诗人在现代社会当中被现代性洗劫一空，于是，在某一个孤独而忧伤的夜晚，当诗人准备驻足于现代都市的某个幽暗的角落，来清点自身的家当时，她才发现：

　　来回搜遍了整个灵魂！
　　根本找不到与生俱来的胎记！

不过还好，家乡赐予的灵魂的骨架还在。这是诗人唯一值得庆幸的事情。然而，正因为只在身上摸到这具孤零零的森白无光的骨架，

147

所以，诗人对一切开始变得无所谓：

> 我感到所有的屋子都陌生，所有的
> 庙宇都空荡，反正都无所谓。①

面对着眼前的一切，诗人的内心是怎样的一种失落与虚空呀！当诗人在内心喃喃念叨着"反正都无所谓"时，在她的心底，湿润的情绪正在悄生，蔓延。正是在这种情感的共通体验之上，另一位俄罗斯诗人维·伊万诺夫以一种仿佛已知答案的姿态温和而亲切地发问道：

> 为什么怀着古老的忧伤，
> 眼泪像流水一般淌出眼眶？②

忧伤是古老的，这正表明诗人与人类的源头还保留着心理上的牵系，只有因为古老而产生的忧伤才是真正的忧伤。然而，倘若这条脆弱的通道被斩断，润湿心底的源泉从此干涸龟裂，人类将踏入怎样的一种生活境地？于是，最严肃的问题出场了：生存，还有生存下去的必要吗？

另外，对于处于现代社会的乡村人而言，出离有的时候甚至是在人们自身毫无意识之下便完成的。仿佛从一场梦里惊醒，诗人心中充斥着左右回荡的疑虑：

> 倘若与整个世界格格不入，
> 何处，何处是我们的栖息之地？③

对于现今的人类而言，这同样也是一个现实而严肃的问题。我

---

① 以上四节诗句引自玛·茨维塔耶娃：《我的乡愁啊》。选自汪剑钊译《二十世纪俄罗斯流亡诗选》。河北教育出版社，2004年。

② 维·伊万诺夫：《黄昏的星星》。选自汪剑钊译《二十世纪俄罗斯流亡诗选》。河北教育出版社，2004年。

③ 阿尔谢尼·涅斯梅洛夫：《由于在深夜受到惊吓》。选自汪剑钊译《二十世纪俄罗斯流亡诗选》。河北教育出版社，2004年。

们从一出生便活在这个漂浮着的社会当中,我们岂不是就会直接拿这建在空中的地基作为我们的根本?当这个世界再也没有了牛虻的叮咬,再也没有了苏格拉底式的反讽,我们的根基岂不是就被那些处于洞穴之中的囚徒们的观念确立了下来?在这种情境下,出离是被迫的。因为出离是活下去的根本,而这种"活"在本质上却是无根的,而且,再也没有足够的刺激会来唤醒人们沉睡的思维。这种出离完全是"最后的分手[①]",在分别之时,原初的意象对人类挥手道别——只说了一句:"不要忘记!"[②]——成了一阵化入时间长河的轻微气流,转瞬间便消逝了。

乡村文化意象在现代社会中的遮蔽

现代性的一个可以想象的极端,便是对通往原初乡村社会之路的迷失。这种迷失主要体现为两个方面:其一是对乡村距离认知的混乱,其二是对通往原初乡村社会方向的迷失;并且,以现代性对乡村文化意象的遮蔽为其具体表现。

前文已经说到,乡村作为一种文化意象的存在具备有"远"和"近"的两种特征,而现代性对乡村距离认知的混乱,便表现为对"远"和"近"的认知混乱,甚至是认知的完全倒错。

现代城市对乡村地域的蚕食以及现代技术对双脚的替代是一种可以看得见的距离混乱,当这种实际距离上的错乱转化为现代人的意识时,便开始出现对乡村距离认知的混乱。现代城市对乡村地域的蚕食是一种地毯式的侵略行为,这种蚕食直接消解了现代社会与乡村社会的实距。作为保护层的"远"也在这种强势的侵占之下荡

[①] 德·克列诺夫斯基:《火车开动的那一刻》。选自汪剑钊译《二十世纪俄罗斯流亡诗选》。河北教育出版社,2004年。
[②] 同①。

然无存，取而代之的是绚丽多彩的快节奏变化的现代生活。并且，这种改变基本上是替代性的，而且是不可逆的。

现代技术对双脚的替代主要表现在交通的发达上，以速度的快捷间接地拉近了城市与乡村的距离。正因为这种替代，原本作为个体对大地长度与厚度的生命体验的行走，变成了直接抵达目标的赤裸裸的欲望，这种欲望之所以有着急剧膨胀的空间，也与人们对"远"的认知的混乱不无关系。

当现代性以一种"文明先驱"的姿态进入乡村社会时，乡村原本真实的不作掩饰的实际状态便成了现代文明眼中粗野而丑陋的"不文明"。于是，乡村也不得不学着现代文明的规则，给自己戴上一层面具，明晰的原初乡村生活形态随之便在作为侵略者的现代文明的遮蔽下渐渐消解淡漠了。

现代性对原初乡村方向的迷失，很大一部分原因来自于速度的无法把握，米兰·昆德拉写过一本名为《慢》的小说，小说一开头便用精准的笔调描述了速度作为一种状态的存在——

"伏在摩托车龙头上的人，心思只能集中在当前飞驰的那一秒钟，他抓住的是跟过去与未来都断开的瞬间，脱离了时间的延续性；他置身于时间之外；换句话说，他处于出神状态；人进入这种状态就忘了年纪，忘了老婆，忘了孩子，忘了忧愁，因此什么都不害怕，因为未来是害怕的根源，谁不顾未来，谁就天不怕地不怕。"[1]

昆德拉在此对现代人类所难以驾驭的速度的分析是一针见血的。速度造成的时间前后阶段的完全分裂，将使现代人在狭小的自我体验中彻底迷失前行或回归的方向。速度还让原本望不到边际的空灵与旷远变成一个由公路和车轮构造出的固定形状的盒子。公路两旁的美好景象在速度的牵引下，化做一道道模样如一的流线，这里直

---

[1] 米兰·昆德拉：《慢》，马振骋译，上海译文出版社，第1页。

接显现的便是人已被速度驾驭的事实。意味着个体生命自由的扩张的空旷乡村,在现代技术的设计中,自由本身也被生硬地画上图纸。

另外,对现代技术的过分崇拜也将导致这种方向的迷失。当现代人以过分饱满的自信开始建造内心里所规划的那个"故乡",企图填充那双内容空洞的"无处躲藏的忧伤的眼睛"时,那朵"乡村的云"上所播放的影像的色调将变得越来越淡。人们在低垂着脑袋一心经营手头这个宏伟工程的同时,也渐渐遗忘那个曾经令自己忧伤不已的古老意象。现代技术以其超凡的力量把现代人心中所想的那个"故乡"依着模子带进了现实,然而,就在人们喷着缭绕的烟圈相互吹嘘"故乡"中的哪一块地基归谁所有时,作为原初形态的故乡便彻底消解了。人类遥望远方的眼神将变得空然无物。

距离的认知混乱以及方向的迷失也是对乡村所具备的"远的状态"特征的直接消解。现代人的感觉阈限在急遽而宏大的变幻中变得愈来愈高,疯狂膨胀的欲望驱使着人们想方设法去获取刺激程度更高的刺激源。个人欲望从此取代了神灵的位置,原本是为了确证人与神的正当距离的"远的状态",被现代人的个人欲望挤出了意识的大门外,过着颠沛流离的孤贫生活。

尼采喊出的"上帝死了"是一种彻底绝望的呼告,但是,倘若上帝只是去了一个遥远而神秘的异地流浪,是否意味着人类还有找回他的希望?在此,我们需要自问的是:到底是我们抛弃了上帝,还是上帝抛弃了我们?

我们还可以拿电灯在乡村的发展来隐喻乡村文化意象在现代社会中的遮蔽的伦理。电灯的出现在一开始并未代表现代性的破坏性侵入,因为乡村初始的低功率白炽灯的光线本身就是温和而昏黄的,与曾经照耀了人类几十个世纪的豆油灯并无明显区别。后来,戏场的汽灯虽具有通明的效果,但那只是露天的照明,并没有干涉到人们在房屋之中的生活。直到日光灯的引入,乡村的夜才开始显现出一种不安的躁动，它像是一种白而硬的显现，一切都裸露在这种冷利的光线之中，原本含蓄局促的乡村便在这种光线之下丧失了自由之身。

光原本是用来照耀人类的，却因为现代技术的发展，逐渐染上了现代性的暴力侵占的习气，而成了遮蔽原初乡村社会形态的手段之一。几乎所有对乡村社会造成破坏的现代性都是如此，人们用善心良意创造发明，改造看似笨拙的传统，以为这"善心"的好后果是必然的，却没想到这种私己性的想法成了一种暴力的权力僭越。

激活乡村社会的文化想象

乡村社会作为一种文化意象在现代社会中的遮蔽，与现代性对当下乡村社会实体的遮蔽几乎是同步的。这两种形式的遮蔽是现代性在"力"上的优势的充分显现，其结果是作为弱者的乡村社会逐步走向消亡。作为进步先驱的现代性带给乡村社会的"先进文明"是显而易见的，但是，就在同时，现代性给乡村社会带来的混乱与迷茫也是近乎灾难性的。人的社会属性决定了任何一种社会形态的存在都与个体生命状况有着或远或近的干系，从这个意义上而言，乡村社会意象的遮蔽甚至消亡，将在无形之中导致社会人生命元素的缺失，从而致使生命走向丰富与完满的可能变得无比艰难，甚至根本就不可能。

由此，我们不得不承认：无论是作为当下乡村社会实体的乡村，还是作为人类精神归复源点的意象存在，乡村社会原初意蕴的留守与激活都是必需的，因为它们都将以直接或间接的形式进入社会人成长的生命视界当中，对个体生命内涵的丰富产生重大影响。

本文在此谈激活乡村社会的文化想象，乃是立足于以下两个基点：其一，即便原初的乡村已遭到严重的侵占与破坏，但却依旧存留有一些自身的独立的生长空间；其二，在那些被侵占的领域，尚且保留着一些并未完全从根部坏死,还有可能从休眠状态中被唤醒的乡村意象。从乡村社会在现实中的存在状况来看,这两个基点也是成立的。

作为文化意象的乡村社会是古旧而厚重的,这是历史长河洗淘筛选的功劳,而无论是从社会文化层面而言,还是从社会人个体生命成长的视界来看,对乡村社会的文化想象的激活首先得拥有一颗对历史的审慎保守之心。从这个意义上说,激活的动作倒有些类似于文物的发掘——具备着一颗敏感的心,才能更好地发现深埋于地底的文物所散发的幽光;具备着一颗庄重的心,才能保证文物所蕴涵的历史意义;具备一颗细致的心,才能使历史得以整全地重见天日。

对乡村社会的自我肯定是激活乡村社会的文化想象的基础性前提,获取这种自我肯定的信心,不仅需要乡村社会内部的权威人士的自信,作为文明先驱的现代社会,也要有对这种多元化生存状态抱持认可与尊重的态度。故对乡村社会文化想象的激活,应由全社会来共同承担,仅仅靠乡村自身的孤自奋战,不仅行动艰难,而且效果薄微。

复归乡村社会的正当距离——即作为"远"和"近"的存在,保证乡村社会"远"和"近"的和谐统一,留住一份慢的姿态,是乡村社会的文化想象激活的根本。现代性生活理念的侵入让原本安宁的乡村顿时陷入了躁动不安的思绪当中,而现代技术的迅速降临,让人们找到了抚慰这份不安的工具,现代性的基本特征——非延续性或断裂性(吉登斯语)也顺顺当当地进入了乡村社会。所以,从物质层面而言,这便要求现代技术对乡村社会生活状态的进入不能太过突兀;而从意象层面上来看,则更要求现代理念的审慎进入。在日益强调个体至上的现代社会,所谓的现代理念往往是基于对其他个体理念的颠覆而产生的,这种短暂而剧烈的变化来势汹汹,看似充满青春活力。可如果转念一想，这难道不像是一种为浮躁而轻飘的思想"正身"的行为么？从历史的长河中历练过来的传统文化，难道就可以仅仅因为其表面的古旧就直接被否弃掉么？而现代性的侵入，致使乡村社会的"远"的守护丧失时，乡村社会不正已被这种浮躁所弥漫，陷入自我认知的混乱与迷失吗？

有关语言的张力在激活乡村社会的文化想象中的作用，我们可以具体到乡村少年的生命成长这个问题上来谈。个体生命的健康成长，和谐的环境十分重要，而现代性的介入，却让乡村社会形态渐渐失去了内在的平衡。在这种情形下，个体生命周遭世界的物质往往是不可靠的，只有从漫漫时间之中离析出来的故事，才是永恒的。故事的讲述者更多的是见证了岁月的老人，通过这种语言建构出的世界，个体生命在想象中的空间便扩大了。其实，这种故事的讲述与倾听模式，也正是对乡村社会作为"远"和"近"的存在复归的另一种形式：故事来源于过往的岁月里自身的亲历或者他者的转述，而此时的讲述，只是通过语言在想象中建构一种情景。这时那个正当的"远"便在当下实在的言语与虚无缥缈的想象中得以显现，而想象空间的扩大也对应了乡村空旷的特征；老人的娓娓讲述与少年的静心倾听，也完成了对"近"的最恰当的诠释。

优秀诗歌的强劲张力是不容置疑的，而在原初的乡村社会形态渐行渐远的现代社会，对于生命个体在想象中存留原初的乡村社会意象来讲，优秀的诗句可以起到很大的作用。诗歌能够丰满人们想象的翅膀，而在思维飞翔的过程中，如若能在现实当中偶然遇到一些脑海中意象的原型，这种惊奇是能让人产生某种幸福感的，从另一个角度而言，这个人已具备了一颗诗人的心。毫无疑问，依仗着语言而进行的教育活动，对乡村少年乡村情感的培育，以及其个体生命的健康成长，都将起到举足轻重的作用。

另外，乡村少年对乡村文化的坚守，也是一种对自身生命根基

| 重建乡村社会的文化想象 |

的守护。在现代社会的剧烈冲击下,色彩斑斓的刺激与楚楚动人的诱惑充斥着人们伸手可及的世界,没有生命根基的人们面对着这个满是旋涡的世界,跌落与沉没成了必然。而对乡村文化持坚守态度的生命个体,也同时意味着他在保守之后进行着超越,这种超越除了带来个体与乡村社会的发展外,也是对其他处于休眠状态的文化意象的激活。

  我没有什么
    其他的道路——
  我已经丢失了
    回家的标记……①

  如果把乡村社会作为现代文明源发的"家"的话,那么,玛丽娅·维姬的这几行诗也正道出了现代人精神的困顿状态——人们普遍感到一种丢失的焦虑与恐慌,而究其深处,却查不明丢失之物的样况。

  显然,在本文中,乡村实际上并不是一个实存的概念,即对实存对象的描述,而是——必须是一种有待重建的文化想象,乡村必须作为一种被不断激活的文化想象,而不是现存乡村的描述。我们对乡村想象的重建,就是对我们当下生命姿态的重建,就是敞开我们单一的现代想象的可能性。

  在发展速度日益加剧的现代及现代之后,不可控制的离心力让现代人渐渐迷失了原初的根基,时而落地时而飘飞的生活让原本明晰的未来变得游离不定,过度的压力让处于习得性无助的现代人拒绝对未来的思考。对这种现代社会的生存现状,乡村社会的文化想象真的能从现代性的围裹中坚定地独立起来吗?如果可能,这种独

---

  ① 玛丽娅·维姬:《老妪》,选自汪剑钊译《二十世纪俄罗斯流亡诗选》,河北教育出版社,2004年。

立又能否守住现代个体那流离失所的心灵？这个问题不仅仅属于乡村，它必须也必然属于我们每个人，属于我们对现代化的不可避免的依赖以及这种依赖中同样不可或缺的适度的逃离。乡村教育的人文重建正有赖于乡村社会文化想象的重新开启。

乡村教育在现代教育中的位序

现代化乃是一个与城市化并行的概念，现代化本身就意味着以人类的理智来创造第二自然，从而把人类从自然的存在中围裹起来。正因为如此，现代化的实质就是城市化，或者说城市化乃是现代化的主导理念。现代教育同样寄身于社会整体现代化的架构之中，对自然的远离构成现代教育的基本内涵。恰恰乡村教育的价值向度乃是自然的，现代教育对自然的背离直接导致乡村教育在现代教育中的失序。

乡村教育的尴尬在于，它作为一种特殊的存在样式具有与城市教育全然不同的异质成分。那么，如何认识这种异质，以及背后所彰显出来的种种思的可能呢？如何认识乡村教育与所谓现代教育之间的关系呢？或者归根结底说，如何认识乡村教育在现代社会中的境遇呢？所谓相反相成，反对本身也是一种参与。乡村教育与以城市化为中心的现代教育的异质性，本身就意味着乡村教育在现代教育体系中的不可或缺的意义。

本文以卢梭对乡村教育的思考出发，揭示现代性本身对乡村教育独特价值的忽视，把关于乡村教育的正当性、合理性、可能性的反思纳入到对整个现代性的反思之中来，以澄清乡村教育在现代教育之中的位序，在某种程度上也是重新反思现代教育的诸多可能性的一次尝试。乡村教育究竟是充当城市教育的延伸，从而在体制化的深入过程中无力地沦为城市教育改造的对象，还是其本身就是现代教育的基础，是作为现代教育的一部分而体现自身独特的价值与存在样式？如果说乡村是文明的母体，那么，现代教育是如何脱离乡村社会这个母体，并站在乡村社会之上，从而使得乡村教育黯然失色的？深入探究乡村教育在现代教育中的位序，这是一个重要的问题。

人性的自然教化：卢梭对乡村教育的揭示

一个人在一生之中，受到三种教育的影响：自然的教育、人的教育、事物的教育。才能和器官的内在发展，是自然的教育；别人教我们如何利用这种发展，是人的教育；从影响我们的事物获得良好的经验，是事物的教育。① 这是卢梭在《爱弥儿》中对不同的教育存在方式作出的明确划分。相比较于现今对教育的定义来说，很多人会认为这种划分并不合理，然而在其思想实质上，并不妨碍我们去理解卢梭的原意。卢梭认为，重要的是在这三种教育之间达成一种和谐，以自然作为教育的目的，人的教育作为经纬，并在一定程度上控制、统协周围事物的影响，也即事物的教育的影响。②

在万物的秩序之中，人有其自身的地位。③ 人天生具有完善化

---

① 参[法]卢梭：《爱弥儿：论教育》第一卷，李平沤译，商务印书馆，1978年，第7页。
② 同①，第7—9页。
③ 参[法]卢梭：《爱弥儿：论教育》第二卷，李平沤译，商务印书馆，1978年，第7页。

的能力,然而经过一系列偶然的历史的演变,人性自然的向善的倾向在文明社会中遭到了败坏。① 卢梭说:"出自造物主之手的东西,都是好的,而一到了人的手里,就全变坏了。"② 就是这个意思。不可否认,人都有自然的倾向,就像草木虫鱼鸟兽一般,人生来是有感觉的,由此通过各种方式受到周围事物的影响,而当我们意识到这种我们希望去追求或者逃避的感觉的事物,人的内在的自然倾向就会表露出来。首先,我们要看这些事物使我们感觉愉快还是不愉快;其次,要看它们是不是符合我们自由的意志;最后,则看它们是不是符合理性赋予我们的幸福和美满的观念。③ 所以,对卢梭来说,在人性之中是存在一种可以称之为自然善好的法则和秩序的,只不过这些内在的自然只有经过适当的引导,才能最终得以展现。与流俗的意见不同,卢梭并不是一个幻想主义者,认为只有回到原始的自然状态,这种善好的人性才能成为事实。他是一个现实的理想主义者,他警示我们,人类虽然已经不可能回到原始的自然状态,然而这种自然的本性从来没有丧失过。在这里,关键在于能不能创造一系列符合天性的环境和因素,把这种先天自在的善好的秩序引发出来,使之成型。我们甚至可以说,在卢梭对人性的思考之中,就已经隐隐地提出了黑格尔那两个晦涩、著名的辩证法概念——自在和自为,教育引导的过程也就是使这种自在的善好秩序成为自为,成就为个人人格的过程。正是在这个基础上,卢梭把自然定义为符合天性的习惯,于是,自然在这里变成了一个社会哲学和教育学的概念,人的自然是一种后天、人为的引导和养成,也正是在这里我

---

① 参[法]卢梭:《论人类不平等的起源和基础》,李常山译,商务印书馆,1962年,第84、109页。

② 参[法]卢梭:《爱弥儿:论教育》第一卷,李平沤译,商务印书馆,1978年,第5页。

③ 同②,第8—9页。

们可以惊异地发现卢梭所有思想的钥匙之所在。确实，我们可以观察、体会到，在一个人的一生中，有些习惯符合这种内在的天性，而有些习惯则违反、误导、扭曲甚至钳制了内在的天性。在文明社会中，我们更多地看到的是这种钳制、扭曲天性的社会现实。然而，人性和社会并没有失去改善的可能。卢梭所有的著作都表明了这一点，而卢梭思想的集大成者《爱弥儿》一书里，则把人性的自然教化的实现作为中心主题来研究、探讨。①

有一种见解以为，既然人总是生存在特定的社会状况和文明类型之中，那就不可避免地受到社会制度以及社会风俗的教化与渲染，如此，又如何能在现实中实现人性的自然的更新和改善呢？确实，如果这个世界是一个单一、技术化、封闭内循环的整体，是一个永恒不变的纯粹存在，自身之内也就不存在更新的机制，更没有改善的可能。然而，事实上社会从来不是铁板一块，卢梭认为，现代社会的整体是由城市和乡村两个具有异质文化和风俗的部分构成的。"城市是坑陷人类的深渊"，② 是"文明腐化综合征"的集中体现和代表，这里有着一切可以想象和想象不到的谬误、邪恶、倾轧、专横、冷酷、悲惨的象征和事实，浮流着一股败坏和奴役人性的丑陋面目，而人类所向往的和乐、安宁、幸福、自由，以及善和正义只能偶尔发出微弱的呼声。③ 今天的读者可能会说，卢梭的论述中对以城市文明为代表的人性的堕落与腐化有夸大其辞的一面，或者说，如今的社会相比于卢梭所处的封建时代有着不可比拟的进步和优势，

---

① 刘小枫、陈少明主编：《经典与解释6：卢梭的苏格拉底主义》，华夏出版社，2005年，第45、51页。

② 参［法］卢梭：《爱弥儿：论教育》第一卷，李平沤译，商务印书馆，1978年，第43页。

③ 参［法］卢梭：《论人类不平等的起源和基础》，李常山译，东林校，商务印书馆，1962年，第126—130页。

然而不管如何,这些现象依然存在,这从每天的社会报道中随处、随时可见。因此,卢梭甚至愤世嫉俗地说,在城市经过几代人之后,人种就要消失或者退化,这样,就必须使人类得到更新,而能够更新人类的,往往是乡村。乡村对于卢梭来说,不仅是自然教育展开的场所,爱弥儿——这个文明社会之中的"自然人",一生的成长中一个至关重要的阶段,而且也意味着一种新的更加具有符合人性理想气质的人性的可能。乡村不仅由于它所具备的天然的自然生态,以及村民所显露的更为质朴、率真的天性,能为教育的展开提供一个优良的环境,而且由于在一定程度上远离城市文明,远离了种种城市风俗的影响和诱惑,乡村能为一种人性的善好的自然秩序的引发、展开提供更大、更为良好的可能。由此,我们也可以说,卢梭的自然教育其实就是一种特殊内涵和形态的乡村教育。"我们身患一种可以治好的病;我们生来是向善的,如果我们愿意改正,我们就得到自然的帮助。"① 可以见得,这里的自然有两层意思,我们可以理解为不仅是指人的自然的天性,也可以暗指更为接近自然的乡村社会。人性的教化和改善依赖于这两个同样重要的因素,而我们也可以把这句引自斯多亚派哲学家塞涅卡的话,作为卢梭有关乡村教育的一个精辟注脚。事实上,乡村教育——"自然人"的教育也可以说是政治教育,在卢梭所臆想的公正、自由、平等的社会之中,即使我们不能说卢梭的"自然人"是为这个社会量身定制的,但"自然人"也是最适合成为这个社会的公民的。难道我们不能说这其实也正是卢梭隐秘的意图吗?

乡村教育与现代教育的关涉:疏离与冲突

对于乡村教育,我们可以看到,卢梭所提出的一系列见解都是

---

① 塞涅卡语,转自《爱弥儿》扉页。

|乡土的逃离与回归：乡村教育的人文重建|

相当新颖的，其对于乡村与城市两者的关系的见解也是独辟蹊径，具有深刻而发人省醒的反思魅力。然而，卢梭究竟是在一种什么样的意义上来阐发其对乡村教育所提出的重要思考的，这种新颖的思考又给后人带来了什么样的启示？我们又如何来理解卢梭意义上的在一个特定的社会结构之内，乡村与城市两者之间所存在着的冲突？这种冲突代表的是一种无可回避，也因此是绝望的现实呢，还是体现着一种新的、充满希望的可能？

（一）现代教育的"城市化"

首先，有必要对于现代教育做一番逻辑的勘察，如果一种事物的逻辑之中，已经蕴涵了决定事物的本质与基本特征的秘密的话，通过对现代教育的这种逻辑的考察，我们同样可以从中描绘出现代教育的品质。这种勘察可以在三个层面展开：在人与自然的关系上，现代教育在总体上，肯定人的内在欲望，并且对外界自然采取一种技术主义的倾向；在人与社会的关系上，强调要为自由民主的政体培养相应的具备自尊、自立、自强的基本品质的人性；在人与超越之物的关系上，则采取一种虚无主义式的价值态度。事实上，我们还可以进一步深入发现，现代教育与城市文明存在一种内在的逻辑同构性，或者更为准确地表述为，现代教育之所以如此，正是集中体现了弥漫在整个城市文明之中的这种对待自然，对待人和人之间关系，以及对待超越之物的基本态度。而城市文明也正是整个现代社会基本的，也是主要的物质和精神构架。一言以蔽之，流俗所谈的现代教育，或者教育的现代化，事实上正是在这一个城市文明为主导的现代社会背景之下，所提出来的一种社会学见解，而城市文明也正是这种见解隐秘的根据之所在。也正是由于这种潜藏着的根据，我们才会认为城市文明是现代社会的主要成果，是现代文明的主流方式，由此我们认为城市教育就是现代教育的全部，也就水到渠成了，城市教育实际上成了现代教育的无冕之王。

(二) 乡村教育只是城市教育的延伸吗？

我们可以发现，如今的乡村教育无论是在教育理念、教育目标的制定上，还是教育内容的统筹、设计上，都与城市教育毫无区别。这是城市文明对乡村社会的一种单方面的冲击，而这种单方面的冲击所造成的恶果正在逐渐显露出来，甚至正在一步一步地扩大、蔓延。事实上，乡村社会无法提供各种现代性的思想、情感、经验以支撑起只有城市文明才有可能支撑起来的城市教育。而城市化进程本身受制于一个社会的城市与乡村之间的各种资源之间所保持的平衡，因此也不可能恰当地解决这个问题。因此，在我们的教育生活的现实中，这将意味着除了少数天资卓越的学生能较好地适应现代教育提供的机遇之外，大多数的乡村学生都将被排除在外。不可否认，人性由于存在禀赋上的不平等，所谓"上智与下愚不移矣"，学生的分层那是不可避免的。然而，这一批乡村学生由于徘徊、游移在城市文明与乡村社会之间，既不能良好地适应现代城市的生活，也不能在自己的土地上安顿下来，利用自己的知识与教养"反哺"乡村，改善乡村的整个政治文化生态，使之更有益于人的自然的美好生活。一句话，他们是一批"失落的人"，深深地迷失于这个变化不安的时代，在看似象征着财富、名誉、地位的城市与象征着贫穷、落后、无趣的乡村的两极地带之间游移不定，找不到一个合适恰当的安顿之地。① 而在这背后，却是隐藏着这么一个意味深长的事实：乡村之作为乡村似乎已经失去了它在一个文明社会的独特地位了，乡村无论在文化上还是在自然的漫长绵延的活力上所具有的独特的价值似乎也就这么被人遗忘。

乡村教育的这种不堪的局面不能不让人产生一种怀疑，怀疑那

---

① 刘铁芳：《乡村的终结与乡村教育的文化缺失》，《书屋》，2006年第10期。

种把城市教育视为现代教育的唯一合理的样式的观念究竟是否是合理的，正当的？况且，与之相连的，一种建立在自我保存基础之上的，以科学的管理手段为主要架构，以工业文明的创造为推动力，追求个人主义享受的城市文明，它本身的正当性何在呢？可以说，由于这种文明类型本身并不考虑"一个社会的最佳制度是什么样子"，"一个正义的社会需要一种什么样的人性的品质作为基础"，或者"这种文明本身是不是合乎善和正义的呢？"这些古典政治哲学的关键问题，我们不能不对城市文明就是现代文明，城市教育就是现代教育，这一种一直以来被很多人认为是理所当然的观念表示理性的怀疑，也不能不对这种机械的一元化的解释世界的方式持严肃谨慎的保留。

在这个意义上，如此，我们方能更为深刻地理解卢梭与之相关的一系列思考的典范性所在。对于卢梭来说——或者更为准确地说，由于卢梭思想所展示出来的理解自然与文明的图景，这种城市文明的一元论不仅不符合理性本身对于善和正义的观念，而且由于未能严肃认真地考虑乡村社会对于城市文明的独特价值，这种机械的解释也在根本上就偏离了事实。

（三）乡村教育：为现代教育奠基

现代化以给人带来不断的舒适为基本特征，与此同时带来的还有生活的奢靡与享乐，以及由此而来的个体人格的萎靡与安逸。作为18世纪杰出思想家的卢梭正是看到了这一隐藏在现代背后的人类生存的痼疾而重申乡村与自然教育，以乡村生活的自然清新对抗现代化带给个人生活的奢靡与浮躁。他几乎是毫不留情地写道："城市是坑陷人类的深渊。经过几代人之后，人种就要消灭或退化；必须使人类得到更新，而能够更新人类的，往往是乡村。因此，把你们的孩子送到乡村去，可以说，他们在那里自然就能够使自己得到更生的，并且可以恢复他们在人口过多的地方的污浊空气中失去的精力。"① 卢梭的呼告可能有失偏颇，却是对现代生活与教育的极其有益的提醒。我们需要不断地在以现代化所带来的便利与不断丰富的物质围裹中重新敞开人类生活清新自由的可能性，在这个意义上，怎样重新审理、把握乡村教育在现代教育中的位序，从根本上提升、显现乡村教育在当下以至未来的合理性，这对于现代教育本身的合理建构实际上起着至关重要的作用。

对照卢梭意义上的乡村教育，这一种培养文明社会中的"自然人"的特殊教育形式，那么事实上，乡村代表着一种更为接近自然的文化形式，这也就意味着乡村在某种程度上更为接近人性善好的可能与现实，而这恰恰是乡村教育的题中之旨。纵观历史，一个文明社会，一种文明类型的衰落与腐化都是先从城市对人性的败坏开始的，"人类愈聚在一起，就愈要腐化。身体的不健全和心灵的缺陷，都是人类过多地聚在一起的必然结果。"② 卢梭这么讲，在某种合理的意义上来说并没有错。"人类之所以繁衍，绝不是为了要像蚂蚁那样地挤成一团，而是为了要遍布于他所耕种的土地。"③ 乡村社会向人展示的是一幅充裕着各种可能性的自然图观，在这幅自然图景之上描绘出了一种具有自然意味的文化图象，忽视与人类生存息息相关的这种原始自然与自然文化相互交融中所蕴涵的人性善好的可能和现实的可贵价值，那将是一个时代的缺失。虽然乡村社会同样有其不可忽视的弊端，比如由于知识与教养的缺乏所带来的种种陋俗，不良的风气，然而城市同样也存在这些问题，而且更为严重，或者我们简直可以说两者本身即是相互关联的。可以这么说，前者

---

① 参〔法〕卢梭：《爱弥儿：论教育》第一卷，李平沤译，商务印书馆，1978年，第43页。

② 同①。

③ 同①。

会让我们感觉可笑,而后者,往往却让人感到无助。因为,一种仅仅是自然些微的偏差,经过合理的教化就可望得到纠正,而城市的诸多弊病却往往已经病入膏肓,无药可救了,即使华佗再世,也将会感到束手无措。乡村教育理应关注其中所透露出的重要的具有价值的信息,不仅为将来的乡村里的孩子们的自由和幸福,为占据社会大部分地域与人口的乡村社会本身的改良,而且也是为了以一种更为接近自然善好的教育形式培育出更多的具有卓越的品质的人来,为了城市本身的净化,直至文明社会整体的进步与改善。

既然乡村教育是以人性善好的养成作为自身的最终鹄的,乡村社会同时又为这一具有特殊内涵的教育形式提供了相应的文化空间,那么乡村教育成为现代教育的基石,重新给现代教育奠定一个更为可靠,可以信赖的基础,就成了一个可以让人期待的希望。而不是相反,纯粹沦为城市教育为主导的现代教育的附庸,在这个意义上,我们也有必要同时反思现代教育这个概念的模糊性,在某种意义上,可以说本文就是为此作出的一次重新寻找基础的尝试。然而,有人会问,既然乡村教育与城市教育,以至现代社会本身的性质与目标存在着基本性质上的差异,龃龉,甚至冲突,那么乡村教育为现代教育重新寻求基础的这种冲动何以可能呢?

乡村教育何以迈入现代门径

乡村教育的实施与展开,虽然立足于乡村社会独特的文化场域,并以之为载体,实现人性品质的提升,一步一步,实实在在地实现乡村社会的敦风化俗,促进人的生存状况的整体改善,然而乡村教育既然是在现代社会的广阔背景之下进行的,那也就不可避免地面临着现代性的种种问题与处境,而其中最基本的处境在于,乡村社会与城市文明所存在的对峙与融通的可能。可以看到,与城市文明相比而言,乡村社会存在的一个基本问题就是,由于其受制于经济、政治、文化资源的匮乏,更准确地说,由于其受到城市文明刚性力量的冲击,这种社会阶层比较意义上的匮乏才表现得更为明显。因此,以往的乡村教育试图通过单方面地向以城市生活为榜样的生活样式倾斜来实现个体的生存品质的提升,通过接受教育来改善自身的最基本的生存状况,就往往成为一切乡村社会所面临的首要选择。社会环境的强制性抑制了个人的受教育倾向的多样性,卢梭甚至也这么说,"穷人是不需要受什么教育的,他的环境的教育是强迫的,他不可能受其他的教育。"[1] 言外之意,即使有了具有国家与社会支撑的乡村教育体系,这种受制于"环境的强迫"也就会在很大程度上限制教育的开展。

果真如此,我们如何能有效地发挥出乡村教育的独特价值呢?事实上,由于全民的义务教育的施行,教育作为一种社会机制是可以在内部根据不同的实际情况和指导理念加以改变,以更符合人对幸福、善和正义的追求的。

首先,在城市教育为代表的现代教育与乡村教育之间,乡村教育以其更符合自然善好的实践特质,具有城市文明所不能具备的良好的优势。乡村社会是更为符合,更为接近人的先天善好的自然秩序的一个综合的文化织体,也因此能为人的天赋的展现,为人的教养的形成,为人的道德品质的养成提供更为自由、没有拘束、淳朴、洁净而少有诱惑的社会氛围。卢梭认为,一个人的幸福在某种程度就是能免于痛苦,而痛苦往往则是由外界的诱惑刺激人的欲念和想象力造成的,因为,这种欲念和想象不能与人自身的理性与意志的能力达成一种平衡。对一个人的成长来说,在自身的心灵没有发展成熟之前,就受到种种社会诱惑的刺激,那就破坏了天性的自然成

---

[1] 参[法]卢梭:《爱弥儿:论教育》第一卷,李平沤译,商务印书馆,1978年,第32页。

熟的进程，使人陷入痛苦的境地。从《爱弥儿》一书中，我们可以学到更多的关于人的自然进程的教益。"人啊！把你的生活限制于你的能力，你就不会再痛苦了。紧紧地占据着大自然在万物的秩序中给你安排的位置，没有任何力量能够使你脱离那个位置；不要反抗那严格的必然的法则，不要为了反抗这个法则而耗尽了你的能力……你天生的能力有多大，你才能享受多大的自由和权力，不要超过这个限度；其他一切都是奴役、幻想和虚名。"[1] 因此，我们可以把乡村教育为人的内心的幸福和自由提供了更大的可能作为乡村教育的一个基本特质。对于卢梭来说，乡村教育培养出来的首先是这么一种类型的人，"他首先是人：一个人应该怎样做人，他就知道怎样做人，他在紧急关头，而且不论对谁，都能尽到做人的本分；命运无法使他改变地位，他始终将处在他的地位上。"[2]

其次，乡村教育并不是脱离现代文明的一种原始的教育形式。"生活，这就是我要教他的技能。"[3] 现代社会，只有阶级始终是那个样子，而人则不断改变他的地位，人世无常，那么教育提供给人一种基本的生存能力就是必要的，而且，这种能力一旦掌握，将能在人生的各种阶段为其本人带来各种教益。就如爱弥儿的一生所暗示的，接受过乡村教育的人将在人生的成熟阶段时，无论在城市还是在乡村，在新工业文明的时代里，选择自身合适的职业，获得外在的自由。在适当的时机，研究人心和社会的风俗，培养良好的审美能力，关心政治制度的研究与改良。这些接受过乡村教育，由更为符合自然的乡村教育培养出来的人，将是城市文明的更新的活力

---

[1] 参 [法] 卢梭：《爱弥儿：论教育》第二卷，李平沤译，商务印书馆，1978 年，第 79 页。

[2] 参 [法] 卢梭：《爱弥儿：论教育》第一卷，李平沤译，商务印书馆，1978 年，第 13 页。

[3] 同[2]

所在，为城市生存品质的改善注入新鲜的血液。而他们之中的大部分人，则都将最终回到乡村，由于接受过了乡村文化与城市文化的那些共同的良好部分的熏陶，对于乡村社会与城市存在的弊端都有了深刻的认识，而生活的磨练则让他们对于现实世界与理想追求之间的差距有了明了于心的认识，这样，这一批由乡村社会，大自然的母亲与良好理性的父亲所共同哺育出来的优秀的儿女们，将能为乡村社会人心和风俗的改善提供更多的机会和更大的可能。同时也将为现代社会之中，存在于城市文明与乡村社会之间的对立与冲突提供了一种良好的和解途径。而那些选择最终生活在城市之中的人，也就在某种意义上成为他们的共同道路上的伙伴，在不同的环境之中，发挥着自身的天才与活力，践行着对社会人心改良的希望。

可以说，乡村教育最终能否迈入现代的门槛，能否给现代文明注入一股更新的力量，能否在现代社会之中展现出属于自身的那些独特的自然与文化的价值，不仅取决于乡村教育能否在现代教育体系之中获得一个自由合理的空间，还取决于国家与社会能否有足够的思想的伟力与意志的魄力为乡村教育体系的建立提供充足的资源：包括丰富的精神和思想资源，经济、政治和人才的资源。而也许更为重要的是，我们能否为一种新的教育存在形式，为一种文明的更新与改良，提供思想上的根基：对于乡村教育正当性、合理性与可能性的反思。对于以乡土中国作为中国社会的重要特性而言，反思乡村教育在现代教育中的位序理应成为当下中国教育研究与实践的重大课题。本文在某种程度上，只是尝试着给出一种反思的可能。

回归乡土的课程设计：
乡村教育重建的课程策略

乡村教育重建的课程目标乃是在一般性地促进乡村少年发展的基础上，面对当下乡村少年生存的现实，引导他们更多地认识脚下的土地，建立个人与乡土的和谐联系，培育他们的文化自信，从整体上促进乡村少年健全人格的养成。乡村教育课程设计的基本原则主要表现为普遍性知识与乡土知识之间的平等性、差异性和开放性。乡村教育课程设计的基本路径包括：乡土课程资源的开发、乡土教材的开发、乡土文化阅读资源的开发，以及整个课程体系中乡土价值的凸显。乡村教育课程设计的根本指向乃是乡村生活方式的重建。新乡村教育课程开发、新乡村理念的培植、新乡村生活理想的开启，成为当下乡村教育重建的基本课程理念。

乡村教育课程的基本目标：个体与乡土之间的和谐互动

乡村教育课程的核心目标就是培养乡村少年的健全人格。这个目标可以分解为两个基本目标：第一，促进乡村少年作为普通个体的健全发展，也就是从积极适应的层面，引导乡村少年健全人格的养成；第二，面对乡村少年生存的现实，从消极适应的层面，应对乡村少年成长过程中的文化断裂，以及由此而来的人格自信的缺失，把乡村少年的发展置于现实的背景中，充分地考量他们当下所遭遇的问题与成长中的阻碍。

　　乡村少年发展的根本性场域是乡村本身，确切地说是乡村自然、乡村生活、乡村文化构成的乡土本身。正是乡村少年与乡土无所不在的沟通与互动，让乡村少年尽可能地获得充分的乡土价值陶冶的可能性，全面地孕育乡村少年的生命根基。关键在于，乡村少年与乡土之间的互动遭遇着双重危机，之所以提出乡村教育课程问题，主要的原因，或者说直接针对的问题就在于此：一是在以城市取向为中心的当下课程体系之中，乡土价值的遮蔽，或者说作为底层级的、补充性的价值，而整体上呈现边缘化；与此同时，整体上应试教育的体制，使得乡村教育只可能更多地适应应试教育的需要，乡村价值进入乡村学校教育的可能性大大减少。二是乡村文化的荒漠化以及由此而来的乡村教育文化基础的瓦解。乡村少年置身教育之中，却触摸不到乡土价值的深层滋养，导致自我存在文化自信心的缺失与生命根基的浅薄化。这使得乡村少年身处乡土之中，却触摸不到真实的乡土，反而是越来越疏离。正因为如此，回归乡土就成了乡村教育课程设计的必要主题。

　　与此相关，乡村教育课程的另一个基本目标就是重新认识脚下的土地，认识生长其中的乡村社会以及长期积累形成的乡村生活方式，激活乡土之于乡村少年发展的生命意义，让乡村少年能把生命之根扎入乡土之中，同时培养他们对自然大地的亲近，对传统乡村自然、简朴、劳作的生活方式的理解与尊重，扩展乡村少年与乡土的亲近与联系。这种联系既是当下的，即对当下乡村自然以及乡村生活方式的亲近，同时又是历史的，即对乡土中国的历史肌肤的必要亲近，促进个体与民族历史的内在联系。

| 乡土的逃离与回归：乡村教育的人文重建 |

乡土大地不仅有着优美丰富的自然资源，而且因为承载着先祖先贤的灵魂和精神而充满乡土人文资源。在先民的世界里，当一棵树长大变老之后，会变成神，有精灵栖居，同样，鱼虫鸟兽、山水花木也会因为时间而成为神，有精灵附体；当一块石头陪伴我们的家园，日久也会变为神，有精灵栖居。"祖辈们修建庙宇神龛用以供奉这些自然和先贤的灵魂，它们保佑着我们的幸福安康；乡民们将祖坟供奉在田间地头、风水林中，看护着山山水水和草木万物；我们曾相信是这些精神庇佑着我们的现世生活，还相信我们未来的生活需要这些精神的指引。正因为这些信仰和精神的存在，我们的生活充满了意义。不管历史上有多少次改朝换代，这种建立在土地上的精神联系，构成了中华大地上众多民族的草根信仰体系，支撑着一个超稳定的社会结构，才使中华文明得以绵延不绝。"[①] 乡土大地对于我们而言，显然不仅仅是物质的、功用的惯习，而同时表现为精神的寄托和心灵的归属感[②]，人与土地的和谐关系成为和谐社会的根基，一个充满诗意和精神灵秀的土地是民间信仰和民族认同的基础。由此，回归乡土，亲近乡土，敬畏乡土，促进乡村少年的乡土认同、民族认同，促进个体与乡土之间的和谐互动，并由此促进乡村少年积极的自我认同与人格发展，这乃是乡村教育课程设计的核心与灵魂。

---

① 俞孔坚：《回到土地》，三联书店，2009年，第265页。
② 俞孔坚把完整的土地意义概括为这几个方面：一，土地本身就是美；二，土地是人的栖居地，是人的家园；三，土地是一个活的系统，是活的肌体；四，土地是符号，是一部历史与人文的巨著，是世世代代人留下的遗产；五，土地是神，是我们每个人需要寄托的对象。参见俞孔坚：《回到土地》，三联书店，2009年，第155－157、246页。

乡村教育课程设计的基本原则：普遍性知识与乡土知识之间的开放与融合

乡村教育乃是现代教育的一部分，同样要引导乡村少年接受民族优秀的文化成果，或者适合他们年龄特征的民族优秀文化成果，乡村少年不应该被排斥在人类优秀的民族文化之外。这是乡村教育课程设计的基本原则。在此基础上，我们需要充分地考虑他们的生存实际，引导他们正确认识个人周遭的乡土文化资源，培养健全的乡土认知，既不盲目自卑，也不简单拒斥外来文化。我们需要尽可能地勾销城乡二元分立产生的怨恨情绪，引导乡土价值真实地呈现在乡村少年生命发展的历程之中，而不是简单地美化乡土，反过来贬抑现代文明。我们需要培养他们立足乡土，而又有开放的心态，由此而获得一种人格的自信。这意味着我们需要充分考虑本土知识在个体发展中不可或缺的作用，其中涉及的基本问题是普遍性知识与地方性知识的关系问题。

地方性知识（local knowledge）和普遍性知识（universal knowledge）都是人类认知客观世界不可或缺的知识形式，两者之间相辅相成，共同矫正人类认识上的偏颇。学校教育不仅仅应当是宣传和传授普遍性知识的场所，还应当成为启迪人类良知的基地。就当前而言，启迪良知不可或缺的一个环节正在于把地方性知识引入课堂，使普遍性知识和地方性知识有效接轨。[①] 在历史长河中，各民族在依靠自然环境生存、繁衍和发展的过程中，孕育了丰富的地方性文化，以适应各自周遭的环境。乡土知识正是各民族为适应自然所采取的各种各样的生产生活方式的经验结晶，并成为后人生活

[①] 杨庭硕：《重塑人类的良知》，参见《土地在沉思——传统文化与农村建设》，社区伙伴出版，2007年，第34页。

的智慧资源。一个人良知的生长不仅仅是外在知识的结晶,而必然是外在知识与个人置身其中的本土知识有机融合的产物。从个体发展而言,正规教育体系中知识形式的规范性对于扩大乡村少年的知识视野,提高他们对现代生活的适应性,无疑是至关重要的。但正规教育体系的设计性使得这种知识形式往往不足以契合乡村少年发展的整体需要,地方性知识正好可以给予乡村少年的情感、态度、价值观以相对全面的滋养、孕育,在趋同性的教育大背景之中,给予个体独特个性的生长提供更多的可能。地方性知识中"恰恰是包含了一个人安身立命最需要的东西"。[①] 在这个意义上,地方性知识乃是促进个体自由发展、启迪良知生长、培育创造精神的不可或缺的知识形式。

对普遍性知识体系的吸纳,体现的是平等原则;对地方性知识的尊重与吸收,则体现的是差异原则。当然,尊重差异本身就是平等的一部分。在两种知识的引领下,乡村少年一方面有开放的胸怀,另一方面把自己的根扎进本土,获得全面的乡土知识滋养,为他们今后的智慧启迪与人格发展打下切身性的基础。两种知识的有机融合,才是回归乡土的乡村教育课程的核心。与此相关的另一个重要原则就是两种知识之间的相互开放性,即我们不仅需要普遍性课程知识向乡土知识的开放性,同时也需要乡土知识向普遍性知识的开放性,避免乡土知识本身的僵化。

在普遍性知识绝对居高临下的背景下,关注普遍性知识向乡土知识的开放性,乃是当务之急。所谓一方水土养一方人,本土知识在个体发展中有着正规教育体系所无法替代的作用,或者说,任何人的教育其实都是无法彻底被设计的,这意味着教育必须有着向当下社会生活空间,向本土的开放,避免教育的趋同化。现在的正规

---

① 傅国涌:《回眸"五四"》,《随笔》,2009年第3期。

教育体系代替了民族文化和知识的传承,教育越来越多地失去了个性化生长的知识空间。"当我们用自己的心来感受当地民族的传统知识时不难发现,传统知识包含了一个广泛的领域,如:多元文化农学(包括自然虫害控制、小气候管理和土壤代换)、分类学、自然资源管理(包括野生动物和农林体系)、水产业和水栖资源管理、牲畜养殖、气象学、人医学和兽医学、动植物和人类营养学,数学、建筑学、通讯、社会和舆论管理体系、儿童发展和教育,以及综合的生态学。这些知识在本质上不仅仅是'技术性'的,而且包括对生态、生物、地理和其他物理现象的完整的认识、智能、想法、感知和革新能力。"[1] 这提示我们,本土知识中蕴含着超乎我们想象的知识资源,足以激活乡村少年的感知、想象与认识能力,尤其是激活他们对乡村、乡村文化与价值、乡村生活方式的感知、想象与认识能力,同时激活他们对乡村社会现代化发展本身的想象,给予乡村社会被动的现代化以主动、内在发展的可能性,在促进他们丰富个性生长生成的同时,也促进新农村建设路径的多样可能性,避免新农村建设成为单一的、被动现代化的进一步扩展。

这意味着乡村教育课程的设计需要审慎的乡村理解,理解乡村社会长期以来所孕育的潜在心灵结构和社会结构,尊重乡土知识在现代教育体系中的合理位置,与此同时也促进本土知识向着普遍性知识的开放,重建人与自然、人与社会、人与自我的合理关系,重寻乡村的文化之根,以此建立乡村少年成长的本土性的精神资源。唯有这样,我们才能真正孕育他们置身现代化又扎根乡土的生命根基。

---

[1] 许建初:《再寻香格里拉》,参见《土地在沉思——传统文化与农村建设》,社区伙伴出版,2007年,第18页。

乡村教育课程设计的基本路径：从乡土课程资源的开发到乡土价值的整体凸显

回归乡土的乡村教育课程设计，最直接的路径就是乡土课程资源的开发，也就是在现成的课程体系中充分利用学校周边的乡村自然与人文环境，依靠学校、教师个人创造性的教育智慧，以适合于孩子们的形式引入到课堂教学。比如，把蝴蝶、昆虫等乡村自然资源引入课程之中，培养学生科学探究的热情，这一过程不仅仅是培养对于生物的热情，同样也是培养他们对于乡村自然之美的亲近；把民间歌舞、体育等乡村人文资源引入课程，在启迪乡村孩子们的自由天性的同时，培育他们对乡村人文之美的亲近。在现有课程体系之中，基于乡土资源的课程开发，是一条切实可行的路径。

乡村教育课程设计的第二个层面，是以地方为单位，有组织地开发特色鲜明、生动活泼的地方课程与乡土教材。这种课程的开发有两种形式：一是专门性的重要乡土人文资源的保护与开发，比如正在流逝中的某种民间文化形式，地方性的传统手工劳动技术课程等。二是综合性的乡土教材的编写。以湖南湘西土家族苗族自治州教育科学研究院编写的乡土教材《美丽的湘西我的家》[1]为例，该书在前言中就直接明了地点出编者的意图，期待"同学们也将会用自己聪慧的心灵和明亮的眼睛，发现我们家乡更多的美好和灵秀"，提出学习的内容就是"我们身边的事物"，学习的方法是"同学们和老师一起去调查、实践、讨论、游戏"，突出学生的主动参与。具体内容设计如下：

第一课　地图上的家乡

---

[1] 湖南湘西州教育科学研究院编：《美丽的湘西我的家》，中国工人出版社，2008年。

第二课　从平原到深山的苗家人

第三课　勤劳勇敢的"毕兹卡"

活动课　我的家庭树

第四课　湘西：山、水、城

第五课　独具风格的吊脚楼

第六课　请到我家来做客

第七课　多姿多彩的民族服装

活动课　我们的手艺

第八课　欢乐的节日

第九课　湘西童谣

第十课　唱支家乡最美的歌

活动课　班级艺术节

第十一课　沈从文：把湘西带给世界的人

第十二课　我们的生活在变化

活动课　班级展览会

12篇课文共分为四个单元，每个单元的主题分别是湘西的地域历史、生产生活、文化艺术、社会变化，每个单元安排有1节不同形式的活动课，每课后面又分别安排有课堂讨论、课堂活动、课后作业、阅读资料4个栏目，较好地体现了编者的意图。在这里，一套好的乡土教材表现出以下基本特征：一是对于本土的自然、风土人情有着生动的展现，可以激发孩子们对于本土的自然与人文的热爱之情；二是教材具有开放意识，不狭隘，也就是不能反过来过度美化地方性的乡土自然与人文，能够给孩子们开放的视野，能够体现乡村少年与乡土，同时也与城市，与整个时代、社会的积极互动；三是教材的编写始终立足孩子们的亲身参与，能激发孩子们的足够热情。

乡村教育课程设计的第三个层面，是在现有的课程体系之外，

|乡土的逃离与回归：乡村教育的人文重建|

给孩子们提供更多的优秀阅读资源，包括经典的乡土文化阅读资源。正如王尚文、方卫平在《新语文读本》农村版小学卷的前言中所写："让每一位小读者在自己的童年阅读中就亲近名著，亲近名家，这是我们的一个心愿。因为经典和名著代表着人类文化发展的某些不可复制和不可替代的智慧和方向，我们希望以这样的作品，为孩子们的成长打下宝贵的'精神的底子'。"① 全面地激发乡村少年人文视野，给他们提供相对全面而深入的人文阅读，能给他们的精神发展提供开阔而丰富的精神底蕴。这种教材就不仅仅是乡土性，不但需要考虑乡土少年接受的视野，而且也需要体现对于乡村的尊重和吸纳，比如真实地表现乡土之真善美价值的优秀艺术作品，还需要考虑普遍性的阅读要求以及乡村少年本身的阅读局限。当然，这种作品不仅仅是面向乡村，本身也是面向每一个人的，意在提升孩子们心灵的高度。

　　乡村教育课程设计的更高层面，乃是在整个课程体系中，更充分地凸显乡土价值的合理性。现有城市取向的课程体系对物质文明的渲染，对城市生活方式的过度褒扬，直接或间接地造成乡村少年对生养他们的土地、人群和文化的疏离感，使得他们在乡村物质和精神双重贫乏的状态下，失去对本土文化的希望，对其选择逃离而不是回归的姿态。回归乡土的课程设计不仅仅是乡土教育课程本身的设计，还涉及整体课程体系中乡土价值的合理化，以及乡村教育在整个现代教育体系中位序的提升。

　　乡村社会不仅仅是城市化的补充，或者以城市化为中心的现代化的补充，乡土文明本身就是作为一种文明的形式，以静为基本特征的乡村文明可以给以动为基本特征的现代文明必要的补充。这其中主要有三重意义：最直接地，乡村社会乃是当下中国社会的有机

---

① 参见《新语文读本》农村版小学卷，广西教育出版社，2004年，前言。

构成，乡村社会的发展乃是我们每个人的应有关切，在这个意义上，是增进每个受教育者与乡村社会的责任性的或者说外在性的关联。第二层意义是中国社会文明发展的基本形式乃是乡土文明，乡土中国乃是现代中国的母体，对乡土价值的理解与乡村社会的认同无疑乃是我们每个人民族认同的重要内容，同时也是更好地反思我们自身的现代化路径，裨补现代化内在缺失的一个重要维度。第三层意义，尽管我们在现代化的围裹中看似一点点远离乡土自然的呵护，但这只是表层的，人类从根本而言乃是自然之子，自然养育了我们，恒久地保持对自然大地的谦卑与敬畏之心，避免现代人理智过度的自负，这乃是身处现代化中的人们不可或缺的品质，或者说这本身就应该是现代化的应有要义。乡村文明是最为贴近自然的文明形式，对乡村文明与乡土价值的了解，无疑可以增进我们对自然的理解，增进我们与自然的切近的联系，深化每个人对自然以及基于自然的生活方式的理解，以避免过度地卷入当下物质主义、消费主义的漩涡之中。在这个意义上，我们关注乡土价值在现代教育中的位序，就不仅仅是提升我们对乡土、乡村社会本身的关切与认同问题，更重要的是事关每个人心灵的健康。

乡土课程开发、乡村理想孕育与乡村生活方式的重建

乡村社会本身无疑正在经历各种各样的变化，不仅仅是环境的，更是价值观念与生活方式的。正如云南德钦萨荣村民所言："过去，村民到了晚上没事时，就会集中到一起聊天啊，或讲故事，或请长者讲道德，或请僧人讲佛法；但现在家里有电视了，晚上都猫在家里不来往，村民之间感情也淡化了；从前，晚上会组织跳起自由的弦子锅庄舞，但现在连拉弦子的男人都很少了，锅庄舞也只有老人会跳，年轻人都不会跳了。人们的生活比以前好起来后，却没有了休闲的时间，也没人制作弦子乐器。总之，以前我们是缺少物质财

|乡土的逃离与回归：乡村教育的人文重建|

富，生活过得穷一点，但村里的人们总是把幸福的希望寄托给来世，所以，当下总会做好事，有善念，嘴里有空就念经，手里有空就转手摇经筒，相互热心帮助，日子过得很充实。但是现在，我们的生活过得愈来愈好，房子建得愈来愈大，山林却愈来愈少，人情愈来愈冷，村里的人不去考虑未来的幸福，只把贪心不断地膨胀，这样拥有再多的财富，我们也不会有满足的一天，心里总是有许多空虚和失落感。"[①] 回归乡土的乡村教育课程设计正是要在传统乡村生活瓦解、乡村社会文化虚空的背景下，合理开发乡土教育课程，启迪乡村生活理想，孕育新的乡村理念，重建乡村生活方式。

在课程设计中，乡土究竟应该如何显现？首先，作为学校教育总是有某种选择性和引导性，在这个意义而言，乡村在课程中的呈现并不是纯自然的，而是一种建构性的，是在孩子们的想象中建构出来的理想性的乡村。换言之，我们要让孩子们理解的乡村首先不是当下的、现实的乡村，而是在想象中唤起的乡村形象，唤起对乡土所蕴含的真善美的尊崇。这种真善美的精神不会自在地呈现出来，它必须具有对于当下现实的超越性，是在孩子们心中被激发出来的。不断地重新激活孩子们对于乡村的想象，特别是在这种以现代化、城市化为背景的大众文化的渲染中，激发孩子们一种原初性的乡村社会的想象，这是课程设计的难题和重心之所在。只有把原初的乡村植入到他们的生命结构中，并且不断地激活他们对乡村生活的想象，才足以让他们扎根其中。

其次，乡土课程不能回避现实，不能把现实的乡村过于理想化。这意味着我们需要引导孩子们积极应对乡村社会生存与发展的现实需要，以及当下乡村周遭的问题和困境。如果乡村少年不能从各种

---

① 木梭：《快乐的反思：藏传文化传承》，《土地在沉思——传统文化与农村建设》，社区伙伴出版，2007年，第116页。

知识中寻求到当前乡村社会发展的希望所在，那么乡村文化之根的培植，文化自信的重新唤起等基本的乡村教育诉求就会如同空中楼阁。此外，乡村环境污染与环境保护、互联网的进入、大众文化的影响、乡村健康生活的形成、乡村的医疗卫生保健等等问题，都是当下乡村社会发展不可回避的基本问题。不仅如此，长期以来封闭的小农经济所造成的乡村的狭隘，以及乡村文化的断裂与迷失，甚至乡村自然在现代化过程中遭遇的隐在的危机，比如乡土的自然的劳作已被现代化侵染等等，都是乡村社会发展隐在的重要问题。我们需要引导乡村少年，以积极的心态面对当下乡村的现实，启迪他们对家乡理性的情感态度与切实地服务家乡的热情，培育健全的乡村新人，为乡村生活方式的重建打下基础。

课程的根本目标乃是生活方式的重建，重建乡村少年作为当下生活主体的可能性，也就是启迪他们真实地生活在当下的乡村场域之中，在这里扎根。与此同时，扩展乡村少年与乡土社会的全面互动，扩展乡村少年置身乡土之中的生活体验，建立乡村少年与乡村自然、乡村人文传统之间的积极对话，包括在自然中的游戏与劳作、与年长者之间的交流、对传统乡村文化形式的参与等等，由此而塑造一种不同于以城市化为标准的现代生活，也不同于传统乡村生活的新乡村生活方式。"如果以孩子作为主体，让他获取最大的内在的发展，我们只能回到他活在这世界的原始旨趣，去探讨如何让他沿着天生的旨趣，充分地发展，例如每一个人天生都有创造的旨趣，教育者的工作便在于如何让他拥有不断创造的环境，让他融入人类的创造文明，从这里去发展他独特的创造活动，而非反过来压抑它的创造欲望。同样，因为每一个人天生都有与世界互动、与世界联结的旨趣，例如每一个人都天生好奇，都天生想要找寻朋友，这便是要让世界看到自己在世界所处的位置，教育者的工作也在于协助孩子拓展经验，让孩子看到自己在世界所处的位置，从而了解自己。

毫无疑问,一个了解自己在世界所处位置的人,便拥有成熟的知性与人格。"① 如此,乡土课程才不至于成为点缀,而是指涉乡村生活方式的重建,重在转化成乡村少年立足乡村世界而展开的与自然、与乡村社区、与乡村文化的真实而广泛的互动之中。

　　沈从文先生在他的自传中这样写道,童年生活充满各种疑问,小小的童心整日为着周遭的一切新鲜声音、新鲜颜色、新鲜气味跳动。"我生活中充满了疑问,都得我自己去找寻解答。我要知道的太多,所知道的又太少,有时便有点发愁。就为的是白日里太野,各处去看,各处去听,还各处去嗅闻,死蛇的气味,腐草的气味,屠夫身上的气味,烧碗处土窑被雨以后放出的气味,要我说来虽当时无法用语言去形容,要我辨别十分容易。蝙蝠的声音,一只黄牛当屠夫把刀刺进它喉中时叹息的声音,藏在田塍土穴中大黄喉蛇的声音,黑暗中鱼在水面拨剌的微声,全因到耳边时分量不同,我也记得那么清清楚楚。"② 正是年少时期与周遭乡土自然风情的生动联系孕育了沈从文博大的心灵世界,以及他那对自由、自然之美的敏感,和他不失野性与浪漫的人格气质。乡村世界原本就是一个丰富的自然、人文相融合的世界。在乡村孩子与乡村社会的积极互动中,扩展孩子们的乡村生活空间与乡村生活经验,并把这种经验本身作为孩子们自身发展的活生生的资源,引导他们关爱乡村、理解乡村,并把这种理解积极融入到对时代与社会的整体认知之中,在促进自我认同与乡土认同的过程中,扩展、提升乡村少年置身乡土世界之中的心灵世界与生命境界。

　　乡村社会可以而且必须以一种超越现代化社会的方式,来更好

---

　　① 黄武雄:《学校在窗外》,首都师范大学出版社,2009年,第49—50页。
　　② 沈从文:《从文自传》,见《沈从文散文选》,湖南文艺出版社,1981年,第19—20页。

地实现乡村社会的自我生长和乡村个体的健全发展。这意味着我们既不能过于渲染城市取向的现代化价值理念，同时又不能过于美化乡村生活，要保持现代化与乡村传统之间必要的张力：一方面是以想象的乡村为基础，激活在现代化过程中乡村生活在乡土少年个体发展中的价值；另一个方面，引导乡村少年面对现实有开放的视野，对现代化有积极的认知，以积极的心态来谋求乡土社会和乡土少年发展的可能性。

一位来自农村的大学生这样写道：[①]

我来自农村，就读的小学离家很近，且班上的同学差不多都是同村的。那时候，村里环境很好，有山有水，有田野村庄，我们一群小孩在自然中嬉戏，在游戏中学会与大家如何友好相处。课堂上，我们却会竞争，不论是个人或集体，我们都很努力。当然，我们最喜欢的课程莫过于作文课的野外观赏或是体育课的野外踏青比赛。就这样，我们在自然中体会到生活的美好、家乡的美丽。而年度的砍柴活动一方面会让我们体验到劳作的艰辛，另一方面却让我们离大自然更近，我们会认识很多野生植物，会更珍惜大自然所赋予世界的灵气。

我时常会想，现在农村因为过度开发或环境破坏，而致使现在的小孩丢失了与自然亲近的机会，真的是很悲哀。而城里的孩子则离这些东西更远，他们的生命就缺失了一种对自然的发自内心的向往与尊敬，就容易变得浮躁，丢失了人类本该有的那份从自然中获取的精神底蕴，也缺失了人生最该拥有的自小与自然交往的美好回忆。

在当下体制化教育的深度挤压之中，乡村教育，更宽一点而言

[①] 摘自湖南师范大学教育科学学院教育技术系 2006 级学生潘新星同学的教育哲学考卷。

之，当下教育整体回归乡土的可能性究竟有多大，这是一个很难回答的问题。这位同学表露的正是对当下乡村教育乃至整个教育设计回归自然的忧虑与期待，他的觉醒可以说是当下青少年自身成长觉醒的代表。这让我们看到了乡村社会的希望，正如鲁迅先生在《故乡》中所说，"希望本是无所谓有，无所谓无的。这正如地上的路；其实地上本没有路，走的人多了，也便成了路"。

探寻乡村教育的基本精神[①]

重新认识乡村教育,需要置于新时代中华民族伟大复兴中国梦的大背景之中。今日教育依然面临自身内涵单一化的倾向,乡村教育的问题更加严重。我们重新寻求乡村教育的真精神,一是增进乡村理解,激活乡村想象,二是增进教育生态的多样性,三是带给乡村少年以多样而丰富发展的可能性。乡村教育的基本精神涵括三个基本层面,即基于乡村、坚守教育本色、延续文化命脉三个层面,最终指向乡村少年的健全成人与乡村文明的自我更新。

重新认识乡村教育的基本背景

决胜扶贫攻坚与全面建成小康社会的关键阶段,2020年底我国实现全面脱贫。脱贫之后乡村社会的发展路向大抵显现为两个层面:一是更富,旨在进一步改善乡村物质生活;二是更文明,旨在提升乡村精神生活。这意味着我们解决基本贫困问题之后,社会的重心转向全面提升人民生活质量,致力于促进人民对美好生活向往的实

---

① 本文发表于《探索与争鸣》2021年第4期,内容有删改。

现。而人民美好生活的欲求显然已经不止于物质生活的满足，而需要上升到精神追求，以至人的生命质量问题，这无疑离不开教育质量与水准的提升。由此而来的问题是什么才是给予广大乡村少年以美好生活向往的乡村教育？很难想象，当我们以一种从根本上脱离乡村场域的教育方式，能寄予乡村儿童——不管他们今后是远离乡村还是坚守乡村——以充实而愉悦的乡村成长经历。

与之相连的另一个重要的时代主题就是中华民族伟大复兴中国梦的提出，民族复兴核心就是中华文化与文明的复兴。中华文明的基本形态乃是乡土文明，这意味着我们今天需要重新来认识作为文明形态的乡村与乡土文明之于中国社会现代化的意义。我们所需要的乡村现代化应该是乡村文明的自我更新，是乡村文明融入现代化。这里的前提就是承认乡村文明乃是作为人类文明的一种形式。我们今天大力倡导乡村振兴，显然，我们所需要的乡村振兴不仅仅是乡村社会的富裕，更是乡村文明的振兴，是乡村个体生活方式的整体提升。教育是文化与文明复兴的重要依据，这意味着今日教育需要上升到文化与文明的高度。由此而来的问题是中华文化与文明的复兴需要什么样的乡村教育？乡村学校，作为乡村文明传承的重要载体与乡村文明自我更新的重要场域，应当担负彰显乡村之美、培育乡村之魂、激励乡村之爱的文明使命。

这里提示着今日我们重新认识乡村教育的两大基本背景，那就是人民对美好生活的向往与中华民族的伟大复兴。也许我们刚刚开始有资格重新认识什么是乡村教育，因为我们需要在更高水平层面寻找适合的生活方式、贴切的人性方式与适宜的文明样式，以超越一种粗糙、简单化的现代化模式，而走向一种有深度的、包容性的现代化。一种文化与文明的核心就是生活方式，乡村文化与文明的重塑，究其实质正是乡村个体健全生活方式的形塑。人的成长与教育的现代化应有多维面相，而非某种单一的模式，更非单纯的工业化。在这个意义上,关注人的成长与教育的多维面相,就是关注人性发展的自由及其可能性。

我们再来看今日教育在应试的裹胁中依然面临着自身内涵单一化的倾向,乡村教育的问题更加严重,甚至可以说乡村教育的内涵已然亏空,这样的结果是大大弱化了乡村少年成长成人的内涵与品质,弱化了乡村少年成长成人的内在可能性。我们重新寻求乡村教育的真精神,一是增进乡村理解,激活乡村想象,二是增进教育生态的多样性,三是带给乡村少年以多样而丰富发展的可能性。乡村教育乃是发生在乡村场域之中、以乡村少年成长为核心关怀、围绕乡村学校但不仅限于乡村学校进行的教育活动。乡村教育的基本精神涵括三个基本层面,即基于乡村、坚守教育本色、延续文化命脉三个层面,最终指向乡村少年的健全成人与乡村文明的自我更新。三者对应着乡村教育的三个基本视野,即乡村的、教育的、文化与文明的视野。

乡村教育的乡村性:以乡村为场域夯实乡村少年成长根基

乡村教育乃是发生在乡村而且植根于乡村的教育,其乡村性似乎是毋庸置疑的,但如何理解这一"乡村性",却在很大程度上取决于我们对"乡村"这一概念的想象力。在笔者看来,"乡村"包含着这样几个基本的维度:"一是乡村独特的自然生态景观,一是建立在这种自然生态之上的村民们自然的劳作与生存方式,一是相对稳定的乡村生活中不断孕育、传递的民间故事、文化与情感的交流融合。"[1] 从自然生态到人际事态、文化民情,事实上,从"乡村"概

---

[1] 刘铁芳:《乡村教育何处去:乡村文化式微的省思》,载金生鈜编《教育:思想与对话(第2辑)》,教育科学出版社,2007年,第219—228页。

| 乡土的逃离与回归：乡村教育的人文重建 |

念延伸出的，恰是乡村教育得以可能的内在依据或本体支持，也即乡村少年个体与乡村自然、乡村人事与乡村人文之间的关联，作为乡村少年自我生命成长的根基，以此为基础，融入更宽广的文化世界之中，同时也能体现城市取向与现代化发展的教育要求。维柯说到，"在世界的童年时期，人们按本性就是些崇高的诗人。"① 站在个体发展角度而言之，在个体发展的童年时期，儿童就其天性就是诗人。儿童往往以想象的方式看待世界，这就使乡村以想象的方式更多地进入乡村少年的成长得以可能。

我们来看辛弃疾在《清平乐·村居》中展现的一副乡村生活场景图："茅檐低小，溪上青青草。醉里吴音相媚好，白发谁家翁媪？大儿锄豆溪东，中儿正织鸡笼。最喜小儿亡赖，溪头卧剥莲蓬。"最先映入眼帘的是一间用茅草盖成的小房子，虽然简陋，但却与周围自然景观（"溪上青青草"）融为一体，体现了人与自然的和谐。在自然背景的铺陈下，村人的活动渐次出场：头发斑白的老夫妻一边劳作着，一边充满爱意地交谈着；大儿子在河东的豆田里锄草，二儿子正在编织鸡笼，顽皮的小儿子则在河岸边躺卧着剥莲蓬。② 这里所呈现出来的不仅仅是一种原初性乡村自然与乡村人事构成的恬静与和谐，同时也提示着乡村少年成长的内在基础。乡村少年成长正是从初始自然的宁静与人际的和谐体验出发，逐步展开自由自主发展的可能性。这种质朴的宁静与和谐构成儿童成长与教育得以发生的基础与背景，也成为乡村少年成长过程中不断回返的生命起点。正如清代诗人高鼎《村居》所写："草长莺飞二月天，拂堤杨柳醉春烟。儿童散学归来早，忙趁东风放纸鸢。"儿童散学后趁着东风放纸

---

① 维柯：《新科学》，朱光潜译，人民文学出版社，1986 年，第 98 页。
② 参见刘铁芳：《以教学打开生命：个体成人的教学哲学阐释》，教育科学出版社，2019 年，第 65 页。

鸢，不仅仅是乡村学校教育的有益补充，同时也是乡村儿童在乡村学校场域与乡村生活情景之间的自我转换与回返。乡村向着乡村少年显现自身，乡村少年向着乡村舒展自我，乡村与乡村少年的相互显现与彼此成全，成为乡村教育得以可能的隐在基础。

在现实中，置身现代性的裹胁，我们对乡村和乡村教育的理解却可能是失真的。乡村教育的乡村性遭遇的突出问题就是其在城市化教育取向中的淹没，我们无法真正关注到乡村教育的乡村性问题本身，我们不过是把城市的教育设计以简约的方式加之于乡村，使得乡村教育失去了自身存在与发展的本源。我们需要重申，乡村教育不是城市教育的对立面，城市教育不是乡村教育发展的最终旨归，反之亦然。对乡村和乡村教育的认识在很大程度上以我们对整个现代化的认识为背景——如果我们全然以对自然的祛魅作为现代文明的认识论基础，在现代社会过度彰显一种以城市为中心的经济社会制度，与此同时，乡村本身在追赶现代化过程中自我隐匿，那么我们必然会以最终消解乡村和乡村教育的方式来回应这一问题。这样一来，我们将会以牺牲乡村这一民族的精神家园和文化土壤为代价获致经济社会的高速发展，而这样的经济社会发展及其背景之下的

| 乡土的逃离与回归：乡村教育的人文重建 |

教育将是无根的。近年网络红人李子柒①的出现，其间呈现出来的乃是信息时代乡村文明打开自身的理想形态，同时呈现的也是当下乡村文明自我重建的内在可能性。

乡村教育的教育性：以文质的均衡增进乡村少年成长成人的活力与力量

就乡村教育之为教育而言，实际上并没有乡村与城市之别，只有教育与非教育、好教育与坏教育之分。归根到底，乡村教育的核心精神乃是作为一种可能好的教育实践，是一种朝向好教育的实践方式，也即发生在乡村场域之中的好的教育实践。乡村教育不仅仅是作为城市教育的他者，强化城市教育的优越性，它必须跟城市教

---

① 1990年，李子柒出生在四川绵阳。幼年父母离异，她跟随父亲一起生活。1996年，父亲早逝，后跟爷爷奶奶一起生活。爷爷做过乡厨，善于农活，也会编制竹器。在爷爷做饭的时候，她常在一旁打下手。李子柒还曾和爷爷一起做木工，陪奶奶做饭，庄稼成熟时她也会下地干活。她读小学五年级时爷爷去世，奶奶开始独自抚养她，生活也变得艰难。2004年，李子柒为了谋生，开始在城市中闯荡。2012年，因为奶奶生病，需要人照顾，她便留在家乡，以开淘宝店为生。此后，李子柒开始在网络上发布视频。摸索一段时间后，她便转而拍一些自己真正拿手的事，比如做饭。2015年，李子柒开始自拍自导古风美食短视频。在拍摄内容选择上，与奶奶生活在一起的李子柒选择了最熟悉的"农村生活"。其最初设定的话题取自俗语："四季更替，适食而食"，后改成"古香古食"。2017年4月，李子柒制作秋千的视频在美拍上点击量突破1000万，全网播放量达到了8000万，点赞超过100万。2018年1月，李子柒的原创短视频在海外运营3个月后获得了视频平台YouTube的白银创作者奖牌，粉丝数则突破100万，她也被国外网友称为"来自东方的神秘力量"。2020年1月1日，李子柒入选《中国妇女报》"2019十大女性人物"；4月29日，其在YouTube平台上的粉丝数突破1000万，并成为了首个粉丝破千万的中文创作者；5月19日，她还受聘担任了中国农民丰收节的首批推广大使。（参见"360百科"之"李子柒：中国内地短视频制作者"，https://baike.so.com/doc/27155270-28593623.html）

育一样,都是作为一种可能好的、朝向好的学校教育实践形态。我们所要做的,就是如何努力扬其长而补其短,让这种可能性变成现实性,由此而扩展今日教育的可能性。

个体成人乃是个体文化化与社会化的过程,更准确地说,乃是一个人从自然个体走向文化个体与社会个体的过程。正因为如此,乡村教育作为一种教育实践方式,本身就具有其独特的优势。乡村教育最大的优点就是个体与自然的亲缘性,这种亲缘性使得乡村少年能更多地保持切近自然的沛然生气,不至于过早地陷于现代文明之中,更多地依循对自然作为个体成人之本原的坚守。这里的自然,一方面是指大自然本身,包括乡土及栖居其上的草木虫鱼鸟兽,以及为基本生存需要而辛勤劳作的村民,这其间所蕴含的是乡村自然作为个体成人的初始性场域,个体在其中与自然融为一体;另一方面,自然也指人性的自然,即生命最初的良好质地,个体成人守住了这个基础,就守住了生命活力的源头活水。

就前者而言,自然本身有其教育意义,与自然交往是生命的起点或地平线。乡村生活与自然的亲近是乡村相对于城市的优势所在,在城市中,砖瓦楼房筑起的人与人之间的隔阂与屏障、信息技术手段与通讯设备带来的人与人交往的虚拟化,都使得儿童在生命成长的一开始就远离了原初的自然,客观上造成教育次序上的僭越。这种僭越是一种过早的拔高,是教育中的揠苗助长。反观乡村,儿童在田野间、地头上参与锄地、编织等简单农活,这不仅仅是生存和劳动技能的训练,更是对劳动创造价值的情感认同和实践;伴随着对劳动果实的期盼,个体不仅能够消解劳动带来的疲惫感,获得自我价值感的愉悦体验,而且能够在劳动与期盼中养成积极的人生态度与价值观。这是自然馈赠给人类的最初的教育,这种教育本身就蕴含着某种整体性与丰富性,寄予乡村个体以生命的丰盈。就后者而言,孔子对人性之自然与文饰有着经典的论述:"质胜文则野,文胜质则史。文质彬彬，然后君子。"(《论语·雍也》)得益于自然环境所提供的空旷背景，乡村孩子在成长过程中能够表现出更多的质朴、率真与野性，这正是为城市孩子所欠缺的生命之质。同样地，乡村教育相对于城市教育的"欠发达"恰恰使其免于被种种令人眼花缭乱的新概念、新名词、新制度（教育之"文饰"）包裹，从而更多地保留了教育的底色（教育本身之"质"）。

这里对自然与生命原初质地的强调，乃是基于当下以城市为主导的教育实践过多地对教育与人本身进行文饰、甚至是虚饰而言的，如名目繁多的补习班、培训班、特长班、兴趣班，但正如孔子的理想是"文质彬彬"，文与质实际上是同等重要的。对孔子而言，"文"指的是以周礼为代表的礼乐文明，大约相当于今天的文化知识教育。就教育的次序而言，文在质后；就成人的标准或理想而言，"文犹质也，质犹文也"(《论语·颜渊》)，文质同样重要。在这一点上，孔子的弟子子夏就显得不免有些冒进，他这样重述其师对"学"的理解："贤贤易色，事父母能竭其力，事君能致其身，与朋友交，言而有信。虽曰未学，吾必谓之学矣。"(《论语·学而》)子夏显然是看到了孔子对质的强调，却走得过远，忽视了文的重要性，而认为仅仅是做到孔子所说的孝悌、谨信和仁爱之行就已经是完成了"学"，在一定程度上弱化了"学"对"行"、"文"对"质"的提升，所谓"行有余力，则以学文"。同样，当我们重新审视乡村教育的价值，也应当避免走得过远，从而将乡村和乡村教育理想化，这同我们将城市教育作为乡村教育的模本一样是不可取的。

在今天，我们的教育尤其是城市教育，面临着过度教育的危机，这样的结果就是大大降低了城市少年的生命活力与力量。在这个意义上，更趋向于文质平衡的乡村教育无疑具有特殊的意义，反过来还能给城市教育提供有益的借鉴与补充。早在1915年，蔡元培就这样论及乡村教育的优势与不足："乡村学校优于城市学校者有三：空气新洁，适于卫生，一也；校外多有山林，宜于晨夕之运动，自然之观察，二也；渐染于勤朴之俗，三也。是以近世英、德教育家皆提倡之。然乡村学校之劣点亦复不少：教员孤陋寡闻，不能发展新思想，一也；宗教之固执拘忌之流行，乡村常甚于城市，二也；校中经济，半取给于学生之操作，如榨乳、艺蔬之属，师弟之间，营营于口腹问题，而鲜有高尚之观感，三也。"①蔡元培的论述在今天并不过时，我们依然需要审慎地看待乡村教育，既看到乡村教育为我们敞开的好教育的另一种可能性，同时也看到现实中的乡村教育的不足，在扬长补短中迈向好教育的实践。

乡村教育的文化性：以乡土文化的持守拓展个体成人的历史记忆

乡村不仅仅是一个自然场域，同时是一个文化场域，是连通着乡土历史与乡村文化的独特的文化空间。这意味着乡村教育的依托，除了乡村自然，就是乡村文化。这里的乡村文化，直接地是乡村民间民俗文化，它间接地连通着传统中国的乡土文化，甚至可以说关联着中华文明的基本形态。

在文化的视角下，"乡村"就不只是一个空间概念，更是时间概念。从历史时间观看，乡村作为现代中国特别是现代化都市的前身，指向的是过去的时间，从特定村民们共享的先祖记忆、历史变迁、传统生活方式与习俗，到整个民族的历史与传统乃至整个国家的集体记忆，所有这些人文与历史传统都需要依靠乡村来承载，由此而显现出我们作为"乡土中国"的特质。在这个意义上，乡村文化不仅是乡村人的文化，而且是全民族的，因为其中蕴含了我们整个民

---

① 蔡元培：《一九〇〇以来教育之进步》，载高平叔编《蔡元培教育论集》，湖南教育出版社，1987年，第83页。

族的过往。从循环时间观来看，乡村作为一种文化和精神存在是超越时间的，或者说是永恒的，其间的特质就是天地人的和谐共生。但这一作为永恒而存在的乡村不仅仅是现实中的特定的某个乡村，同时也是存在于人们想象中的乡村。人们想象中的乡村既包括对乡村历史的美好回忆，又包括对乡村历史与现实的理想重构，在这个意义上也可以说乡村概念又指向着我们民族的未来，寄托着我们民族生活方式的持久想象与永恒印记。作为理想形态的乡村文明，其间蕴含着三重质素：基于人与自然相依而生发出来的人天和谐，基于人与人相依而生发出来的人人和谐，基于质朴乡村劳动而生发出来的身心和谐。显然，作为理想形态的乡村文明，不仅仅是属于乡村的，也是属于整个中国的，其间蕴含着中华文明的基本价值与生命理想；它不仅仅是关联于过去、现在，也指向未来。乡村代表着我们民族的历史，承载着我们的先祖先贤的物质与精神遗产，同时又寄托着我们民族的未来，寄托着现代化路途中中国人生命回返的精神之路。因此，乡村教育就不仅仅是对乡村人的教育，更是为守护我们民族的精神之根而对所有人敞开的教育形态。换言之，不仅仅是乡村需要乡村教育的精神复归，城市同样需要乡村教育的精神裨补，城市教育同样需要保持向着乡村教育的开放性。

  但现实中的乡村文化除了面临新兴的以城市文化为主导的现代文明的遮蔽，更为严重的是乡村文化自身的虚空化危机。这种危机一方面表现为大量乡村青年怀揣着对都市生活或广而言之的"美好生活"的向往而离开乡土，"逃离"乡土，他们中的大部分人不会再回到乡村生活，由此就导致乡村文化中大量优秀、珍贵的传统习俗、手艺可能会永久失传；另一方面，乡村文化的虚空化危机也表现为乡土社会中生长出来的负面的、不良的习俗、惯例、集体心态等问题，诸如赌博买码、老年人赡养缺失问题。这种文化的断层危机使得乡村少年的精神成长面临前所未有的挑战。由此，简单地要求乡村少年留守乡村以传承乡村文化，无疑是有悖现代精神而偏狭的做法；同样，要求所有乡村少年很早开始就远离乡村到城市接受教育，或是一味地使乡村本身城市化，则是带有某种文化优越感的居高临下的"施舍"。

对乡土的出走与回归，实际上不应该被视为两种截然不同的价值取向。相反，它们共同构成了对一个人的完整教育，因而也是个体完整成人的不可或缺的过程。当然，出走与回归确实是一个人生命不同阶段的象征。对我们每一个人而言，无论身在乡村还是城市，年轻时我们都需要离开（甚至表现为迫不及待地"逃离"）脚下生养我们的这片土地，走出这片四方天地到外面去看世界；而当我们学有所成时，更有责任"回来种地"——以新旧融合的方式在家乡的大地上耕耘。这就正如柏拉图在《理想国》所说，哲人在观看善的理念之后，必须重新回到洞穴之中进行实践锻炼并进而统治城邦，因为正是城邦教育了哲人。实际上，"哲人"的返乡并不仅仅是对城邦的一种奉献，更是自我认识、自我教化的一部分。这意味着，个体年少时的离开应以精神的返乡为旨归。换言之，不管是出走还是回归，我们都需要深深地把乡土扎根在生命之中，而不是沦为唯恐舍之不及的异物。当个体少年时代背井离乡之时，其心中已通过教育种下了对故土爱与认同的种子，是带着一种对父老乡亲的承诺而离开的。因此，教育者的初衷不能一开始就教人背离自己的家乡，乡村教育不能降格为"鲤鱼跃龙门"的工具，相反，我们的教育应当培养的是如孔子"斯文在兹"的使命担当——尽管我们的乡村发展面临很多问题，尽管我们的乡村文化面临"礼崩乐坏"的精神断档期，然而延续乡村文化与民族精神命脉的使命就在我们自身，关乎我们每个人的生活想象，无论我们生在乡村还是城市，乡土及其文化想象关联着我们生命的根。而我们不断地出走与回归本身，在返顾并反哺着乡村社会的同时，也蕴含着乡村文化本身的改进与自我更新，进而孕育着乡村教育的生机。

  我们期待之中的乡村教育，以乡村少年健康成长为根本着眼点，以扎根本土与适应现代为基本教育取向，培养能走出去又能回得来的健全乡村个体与乡村文明主体。在此基础上开展的乡村教育，是立足乡村学校而又超越乡村学校的，师生不仅以教室为课堂、以书本为教材，同样能以天地为课堂，以万物为书本，远取诸物近取诸身，心灵被自然滋养，智慧在乡土中孕育，生命在大地上成长。在这里，学校连结着村庄，学生在发现、思考、应对周遭村落问题中培养自己的思维、提升自己的能力、扩展自己的乡村情感，在村落服务中养成责任与担当，在天人之际找寻生命的永恒寄托。与此同时，乡村学校又通过网络连接着外面的世界，打破了乡村与世界的隔离，扩大乡村少年的学习空间，让对话、学习、交流可以随时隔空发生，让他们不仅立足于乡村世界而生长，同时也面对整个世界而积极成长。正因为如此，作为一种整全而富于生命力的现代教育形态，乡村教育的精神不仅是植根乡村的、传统的，同时也是开放创新的、现代的；这种精神之价值不仅是属于本土的、中国的，同时也是属于人类的、世界的。

后记

乡村教育、乡村文化与乡村教育人文
——我的乡村教育人文研究：回顾与反思

仔细算来，到目前，我发表的乡村教育文章总共只有三篇。

第一篇是发表在 2001 年 12 月《读书》上的《乡村教育的问题与出路》。这篇文章发表后，得到了较好的反响。2002 年 3 月、4 月，《读书》连续两期的"读书平台"都有对这篇文章的回应。其中 3 月份"读书平台"上云南的晏廷俊《忧患意识与中国教育问题》中写道："刘铁芳对中国乡村教育的关注触及了中国教育的最底层，呼唤人们对乡村教育给予更多的关心、支持，人文关怀强烈。"让我特别高兴的是，这篇文章得到了钱理群先生的赏识，他在 2005 年 9 月 17 日在"西部农村教育论坛"上这样讲道：

"乡村生活还有一个我们习以为常，其实对孩子的教育有很大影响的特点，简单说就是全家人在一个庭院里，朝夕共处，邻里间鸡犬相闻，来往密切，这就形成了充满亲情、乡情的精神空间，自有一种口耳相传的、身教胜于言教的教育方式，这对农村孩子的健康成长的影响是潜移默化而又深远的。鲁迅曾写文章深情回忆：'水村的夏夜，摇着大芭蕉扇，在大树下乘凉，是一件极舒服的事。男女都谈些闲天，说些故事。孩子是唱歌的唱歌，猜谜语的猜谜语．'（《自言自语》）。我想，有过农村生活经历的人都会有这样的体验，这确实是终身难忘的生命记忆。而在都市的公寓式的居住空间，公务员、公司职员的家庭空间被挤压的生活方式里，这样的有利于儿童成长的教育空间、氛围也同样被挤压了。

对以上所说，湖南师范大学教育科学学院的刘铁芳教授有一个精辟的概括，我的分析就是受到了他的启示。他说：'乡村地域文化中原本就潜藏着丰富的教育资源。传统的乡村教育体系中包含着以书本知识为核心的外来文化与以民间故事为基本内容的民俗地域文化的有机结合，外来文化的横向渗透与民俗地域文化的纵向传承相结合，学校正规教育与自然野趣之习染相结合，专门训练与口耳相授相结合，知识的启蒙与乡村情感的孕育相结合．'（《乡村教育的问题与出路》）这既是乡村教育的特点，同时也构成了其特殊优势。而在我看来，在强调素质教育的今天，乡村教育的这些特点与优势就更显示出其重要价值，对城市教育也有极大的启示与借鉴意义。但我们自己却把它丢失了，这叫作'抱着金娃娃讨饭吃'．"[1]

其实，那个时候，我对乡村教育与乡村文化关系的认识，是模糊的，更多地只是一种基于个人乡村生活经历的直觉。我对乡村教育的整体思考更多地还是以表浅的乡村教育形式为主，虽然我提到了乡村教育"更深层的基本的问题则是合宜的乡村教育模式的建构，在尽可能给予乡村少年同等升学机会的同时，也让他们特别是那些上不了大学的乡村孩子更多地受到对于他们而言（最）好的教育"，但我对什么是"对于他们而言最好的教育"其实是朦胧的，并没有抓住问题的要害。

---

[1] 《天涯》2006年04期。

| 后记　乡村教育、乡村文化与乡村教育人文 |

无疑，钱老师的鼓励潜在地促进我进一步往文化的方向思考，但我一直没有写出有关这方面像样的只言片语出来，直到2006年暑假。可能是回乡的触动，特别是在家门口看到村里儿孙满屋、80多岁的毛老太大爷，挑着一担干柴，缓慢地、颤悠悠地走过，而又碍于他们家复杂的家庭关系不方便去帮助，加上母亲嘴里传给我的乡里各种争吵信息，使得我很快就写出了《乡村的终结与乡村教育的文化缺失》一文。文章9月份写出来，寄给了《书屋》的胡长明兄，两天就回信，马上采用。2006年10月，这篇文章从《书屋》刊出，很快就被多家网站转载。

这篇文章被华文出版社的一位编辑看到，电话找到我，问我是否能编写一本乡村教育方面的书。这个时候，我已很有兴趣，马上着手。我跟那位编辑一起找到钱理群老师，得到了他的热心支持。他建议，由他和我各写一篇序言，我们共同编一本比较整全的乡村教育文集，能较好地反映乡村教育问题的全貌。回到家里，和学生一起，广泛搜罗，精心筛选，终于在大量的文献资料中整理出30万字的文字。然后，我开始就自己对乡村教育的最新思考撰写序言。

我的《乡村的终结》一文比较充分地揭示了时下乡村教育遭遇的文化困境，我在后面的写作中开始明确地提出乡村教育应该以乡村少年的健全发展为中心，并以此作为乡村教育的逻辑起点来展开自己对乡村教育的整体思考。从这里开始，我对乡村教育的认识，由一般性的探讨乡村教育，到深入乡村教育的文化支持，到关注以乡村少年发展为中心，乡村教育人文思考的视野逐步显现出来。

后面很快收到了钱先生写来的序言，有两万多字，中间大量涉及我编进去的文章内容。钱先生应该是把我编辑的30万字的文章通看了一遍，这让我非常感动。遗憾的是，由于多方面的原因，这本书最终未能在华文出版社通过。后面辗转多家出版社，又几次调整，集中文化的视角，并改书名为"乡土中国与乡村教育"，由福建教育出版社出版。这是后话。

2007年初，共青团长沙市委的一位朋友在湖南省图书馆组织"青枫论坛"，邀请我做一次乡村教育专题演讲，并在之前组织到宁乡县蓝天坪乡进行实地考察。在那里，有幸看到了蓝天坪小学的夏雪柳老师指导的学生作文，从中我获得了很多乡村教育发展的启示，也从夏老师他们的努力中看到了乡村教育的希望。如果说《乡村的终结》一文整体上是沉重的，那么夏老师的努力则让我看到了乡村教育的前景和希望。我也开始思考乡村教育人文的建设性向度。

从蓝天坪回来，我认真准备讲演。讲演的内容就是以序言中的主要内容为骨架，以蓝天坪小学的考察为血肉，着重阐释文化破碎中的乡村教育重建的希望在哪里。演讲整理成文，题目就是"文化破碎中的乡村教育"。这篇文章投给了《天涯》，发表在2007年的第三期，这就是我发表的关于乡村教育的第三篇文章。

我在演讲中引用了亚米契斯《爱的教育》中的一段话：

身体精神都染了病的人，快去做五六年农夫吧。

人的堕落，与物的腐败一样。

物虽腐败，只要置诸土中，就能分解成清洁的植物的养料。人亦然，虽已堕落，只要与土亲近，就成清洁健全的人。

从这里开始，我是在慢慢把对乡村教育放在整个现代教育中，放在每个人的精神关涉之中去思考。

近两年来，我一直在进行教育人文的整体思考，并在华东师范大学出版社编辑《教育人文集刊》，重在教育人文的普及与启蒙。后面又想做一套教育人文的学术丛书，这个想法得到了福建教育出版社的支持。于是，我对乡村教育的认识就逐渐融入教育人文整体思考之中。我开始进一步自觉地把乡村教育置于现代性之中，置于置身现代性中个体的命运思考之中，探究当下个体与乡土中国、乡村社会的精神联系，由此而进一步探求乡村教育与整个现代教育的

| 后记　乡村教育、乡村文化与乡村教育人文 |

关系。

我的乡村教育人文思考路径，在这里才逐步清晰地显现出来：由乡村教育而乡村文化，到乡村教育人文生态的整体关注；由关注乡村少年的健全发展到关注作为现代人精神资源的乡村自然与乡土人文；由乡村教育何以走向现代教育，到现代教育何以重新体现乡村教育在其中的位序。

本书的思路基本就遵循着上面的思考路径，《乡村教育的问题与出路：城市取向的乡村教育何以超越》在一般性地揭示乡村教育问题的同时，显现一种乡村视角的教育关注；《乡村的终结与乡村教育的文化缺失》重在从负面展示当下乡村教育的文化危机与乡村少年的精神困境；《重新确立乡村教育的根本目标》则是确立乡村教育问题的现实起点，牢牢把握乡村少年健全发展这一中心问题；《破碎文化体系中的乡村教育：乡村教育重建如何可能》更多地是从正面展现在破碎的乡村文化背景中乡村教育重建的希望与可能；《徜徉在乡村自然与乡土人文之间——一位乡村少年成长史的现象学解读》是以自己为个案，解读乡村少年置身乡村社会发展的内在精神结构，以展现当前乡村教育人文重建的内在基础，同时也展现乡土作为乡村教育重建中的价值起点与逻辑起点的可能性；《生命自然善好的守护：触摸乡村教育的哲学意蕴——以电影〈草房子〉为例》则是以电影《草房子》为切入点，揭示乡村教育的内在意蕴与独特价值，以及置身现代化之中乡村教育精神的处境与重建的意义；《春晖中学：现代教育的田园牧歌》是以 20 世纪二三十年代的春晖中学作为典范，探询乡村教育进入现代教育秩序的可能性；《鲁迅和沈从文：乡土中国教育发展的两种精神脉象》是重新回到 20 世纪上半叶的历史现场，寻找那个时代面对乡土中国的内在转型知识人做出的不同回应，以及历史的最终选择，由此而提出当下社会发展与教育发展的精神缺失与应有路向，并试图阐明乡村教育发展的内在精神基础；

| 乡土的逃离与回归：乡村教育的人文重建 |

《重建乡村社会的文化想象》主要以海子的诗歌为切入点，探询重新激活乡土与乡村社会的文化想象在现时代的可能性；《乡村教育在现代教育中的位序》则是从卢梭出发，进一步揭示乡村教育在现代教育中的合法性。引言虽然放在前面，却是后来写的，可以说是我的整个乡村教育人文思考的小结。此外，本次修订又增补了《回归乡土的课程设计：乡村教育重建的课程策略》一文。

　　文章的写作有时真的是非常艰难。这其中耗费我心力最多的是《生命自然善好的守护：触摸乡村教育的哲学意蕴——以电影〈草房子〉为例》。这篇文章的写作原本偶然，当时在华东师范大学出版社的吴法源君送我一张《草房子》的影碟，我上课放给研究生看，看后开展讨论，然后我总结发言，大概我讲了一个多小时，由我的学生记录下来。后来我到北京师范大学，给教育学院的学生也放了一遍，并讲演不到一个小时，现场录音，回来整理。虽然有了两次讲演的记录，但我一直未能整理成文，感觉"草房子"就是我心中美好的梦，我不敢去触摸她，只有小心地呵护她，保持必要的距离。后面一点一点修改的过程真的是非常艰难，几乎耗尽了我的心血。感觉自己是在用自我的生命体验乡村自然、乡村人文、乡村教育在现时代的命运。草房子远逝的必然性与试图在心中留驻的美好期待，成为我生命中深深的痛。

　　由于时间的仓促，后面三篇文章是我和研究生合作的结果，由我拟订写作的基本主题和提纲，分别由我的学生陈文芳（《重建乡村社会的文化想象》）、刘佳（《春晖中学：现代教育的田园牧歌》）、张桂（《乡村教育在现代教育中的位序》）撰写初稿，我再做修改补充。文章中的很多观点，都是我们共同对话的产物。感谢他们的努力，没有他们，这本书就难以成型。

　　我深知，自己的乡村教育人文研究是初浅的，应该只是一个开始。而且，本书的写作虽名为"学术"，却并不是一般意义上的学术

| 后记　乡村教育、乡村文化与乡村教育人文 |

著作，更多的是一种个人思想与精神历险的表达。我在这里也只是提供基本的思路，表达我对乡村教育的生命期待，同时也期待更多的人走近乡村，更重要的是，走进乡村教育，在那里，寻找乡村教育发展的根基，同时也为现代教育寻找内在的精神资源。之所以不惧愚驽，正是为了抛砖而引玉。

本书的出版正逢女儿的出生，希望我的女儿诗晴以及如她一样年轻的生命有一天能明白我的用心。让我把这本书献给她们，献给属于未来的人们。一并感谢我的妻子和父母，有父母在身旁，就怡然如在家乡。

2008年6月

补记

我一直从事教育基本理论研究，因为自己是乡村少年出身，偶然写了一篇乡村教育方面的论文，幸运地被发表在2001年的《读书》杂志上，并且很快产生了反响，这让我歪打正着，陆续便写出了好几篇关于乡村教育的文章，大致形成了一个系列。这就有了本书2008年的第一版。之后，我尽管一直关注乡村教育，但感觉想说的大致已经说了，故后面便没再写出多少自觉像样的文字。这本书出版后的反响不错，承蒙出版社厚爱，2011年要出修订本，正好我在2010年写了一篇《回归乡土的课程设计——乡村教育重建的课程策略》，就把这篇文章加了进去。此后10年，我没再有关注乡村教育实质性突破的文字。直到2021年，东北师大乡村教育研究中心跟《探索与争鸣》杂志合作，向我约稿，我便设法把近年积累起来的一些零星想法加以打磨，写出了最新思考的文章，题目叫《探寻乡村教育的基本精神》，发表在《探索与争鸣》2021年第4期上，算是我对乡村教育在教育哲学层面的思考，力求对乡村教育研究有一点点推进。恰逢福建教育出版社想要再次重印这本书，借此机会，我便做些增补，将最新的文章放进去，作为该书的第三版，把我这些年对乡村教育的思考毫无保留地呈现出来，请大家指正。特此补记。

刘铁芳

2022年4月

附录

编者按：在以工业化和城市化为主导的现代化进程中，我们越来越清醒地认识到乡村长期处于一种失语和失落的状态。作为个人，我们曾经有意或无意地逃离乡土，但对于国家和民族来说，这种逃离无疑是自毁根基。因此，我们需要重新发现和发掘乡土中国之于现代社会的价值，这也是抵制虚无和浮躁等"现代化病征"的精神自赎和心灵回归。

乡村教育：为现代人重建精神家园

——访湖南师范大学刘铁芳教授

《中国教育报》2009 年 2 月 19 日

本报记者　张以瑾

对我们这个浸润了数千年农业文明的民族来说，乡村不仅是生存之根，也是精神之源。

湖南师范大学教授刘铁芳怀着对乡土的温情和敬意，潜心研究

| 乡土的逃离与回归：乡村教育的人文重建 |

中国乡村教育。在新著《乡土的逃离与回归》中，他探讨了乡村教育与城市教育的关系、乡村教育的人文重建、乡村少年的精神成长以及乡土价值之于现代社会的价值等问题，让我们看到了乡村教育重建的可能与可为。

> 乡村教育的出发点是乡土价值的激活与重建，而乡村教育的中心，甚至也可以说乡村社会发展的中心，则是乡村少年的健全发展与乡村社会健全生活方式的引导与培育。

记者：在当前的教育结构中，乡村教育与城市教育表现为什么样的关系样态？

刘铁芳：当前人们所谈的乡村教育，往往是指发生在作为地域的乡村之中的教育。这种教育只是以乡村的条件迎合现代教育的形式，而不是内源于乡村的教育。换言之，乡村教育基本被排斥在教育整体设计之外，体现为一种"逃离乡土"式的教育设计。乡村只是作为城市的参照和补充，作为被城市观看和俯视的对象。在这个背景下，究竟还有没有真正意义上的乡村教育，本身就是个问题。

在谈论乡村教育与城市教育关系的时候，一个需要把握的关键问题是：我们是从城市化的角度看乡村教育，还是就乡村本身来看乡村教育，深入思考和把握以乡村为场域所展开的乡村少年如何成长、何以成长的过程？在以城市化取向的教育模式下，乡村少年缺少乡村社会的真实滋养，生存自信无法建立，无法建立完整的自我认同。他们生长在乡村，要排斥的恰恰是他们脚下的土地。

记者：你所理解或者所期待的乡村教育是什么样的？

刘铁芳：真正意义上的乡村教育，应该是以乡村少年成长为中心。离开这个中心谈乡村教育，必然将其外在化，这是乡村教育的基本问题。任何人都不是在真空中被设计的，必然有着自己生命的

附录 乡村教育：为现代人重建精神家园

根。乡村无疑是乡村少年成长的根。乡村教育要为乡村少年寻求置身乡土社会的精神之根，让他们把生命之根牢牢地植入乡土社会之中，让他们从小就拥有健全的精神生活。不管他们今后置身何方，都有健康的生命姿态，都有更完全的人生，不管生活在乡村还是城市，都能不自卑、不自弃，脚踏实地。当然，乡村少年也必然要适应现代社会和城市文化，必然会进入他乡和他者的文化世界，但人与自然的亲缘性、朴素的乡村情感、求知的意向，将始终作为他们生命的内在基本结构，贯穿于他们的人生历程。乡村教育要能够促进乡村少年生命的健康成长，而并不仅仅是培养他们对现代社会的适应。

可以说，乡村教育的出发点是乡土价值的激活与重建，而乡村教育的中心，甚至也可以说乡村社会发展的中心，则是乡村少年的健全发展与乡村社会健全生活方式的引导与培育。

> 回归乡土，亲近乡土，其根本意义是激活乡土本身的价值，激活乡土中国与置身现代社会的我们的精神和生命的联系。

记者：置身于现代社会，我们应该如何认识和理解乡村教育以及乡村社会？

刘铁芳：这其实是我们如何超越对乡村教育平面化认识的问题。我们需要从三个层面认识乡村教育：一是就乡村教育本身来看乡村教育，切实思考乡村教育的发展、乡村教育与乡村少年的成长。二是站在现代教育的立场看乡村教育，既看乡村教育对现代教育的不适应和差异，也理解乡村教育对现代教育的补充作用，充分发掘乡村教育的可能资源。在现有条件下，更好地引领乡村少年的健康成长，并且对身处现代化中心的城市少年进行必要的精神补充，让他们在理解乡土中国的同时，也能获得乡土精神的滋养。三是在现代

207

人精神发展的背景下看乡村教育。现代教育强调个体，强调个体生命的价值，而乡村具有一种接近生命底色的守成性，其宽厚、朴素、坚韧的情感，能够带给现代人以温润的包容性，这恰恰符合现代人的精神发展诉求。

在中国人的意识中，家园既是形而下的存在，也是形而上的存在。她有着宗教的抚慰功能，能够给心灵以呵护和温补。可以说，乡土中国本身就是一种生命哲学。由此，中国人才会有浓厚的望乡情怀，才会有那么多乡愁。回归乡土，亲近乡土，其根本意义是激活乡土本身的价值，激活乡土中国与置身现代社会的我们的精神和生命的联系。

记者：如何认识乡村教育重建的意义？

刘铁芳：近年来，社会对乡村教育的关注越来越多。但是有一点值得反思，即多数情况下，人们是以居高临下的姿态，带着一种优越感看待乡村和乡村教育的。这种关照与"我"的生命没有关系，而是一种他者化的关注。

相对而言，乡村教育也有自己的优势，比如，开阔、自由的空间，这能够弥补城市教育的不足。站在现代教育的整体高度来看，乡村教育是现代教育的起始点，也是现代教育的母体，它能赋予现代教育以生命活力。乡村教育绝不仅仅是现代教育中落后的他者，它首先作为现代教育的母体与前身，现代教育形式原本就有着乡村社会的根基。与此同时，乡村教育又直接进入现代教育内部结构之中，促进现代教育自身目标、内容和结构的调整与改善。乡村教育还是一种期待，即我们可以用想象中乡村教育的内涵来甄定当下教育的问题，调整其走向。这样的乡村教育不仅是面向乡村社会的，也是面向城市社会的，并能使乡村社会逐步融入现代社会，成为其有机的组成部分。

当然，这绝不意味着我们可以美化现实的乡村教育，这里所言

附录 乡村教育：为现代人重建精神家园

的乡村教育的优势都只是一种可能性。我们需要的是把这种可能性尽量变成现实。

> 鲁迅和沈从文，一个着眼于"公德"，一个关注"私德"，对于中国现代教育的精神发展来说，他们"一个也不能少"，如此才能使教育成为全面滋养个体生命发展的事业。

记者：你在书中比较了鲁迅和沈从文对于乡土中国的不同情感和认识，读来有趣而有味。这种比较是你的首创吗？为何要对他们进行比较？

刘铁芳：应该说，对鲁迅和沈从文的比较早已有之，但基本限于文学领域，从教育的角度对这两位进行比较应该还属首次。比较两者的意义在于：一是从两人的生命轨迹与思想脉络出发，可以清楚地看到中国现代教育的母体是乡土中国，乡土教育是中国现代教育的根和背景。离开乡土中国这个根，我们就是在空谈现代教育。即使搬来西方现代的名词，也难以使我们免于一种陌生和紧张感。必须认识到，中国的现代教育可以与西方教育有着形式上的共通，但是内容上应该有自我生长的部分。只有这样，传统和现代才能连为一体。其二，我发现我们对教育的现代化诉求，正好是抛弃了乡土中国的背景而出现的改造型教育理论。乡村仅仅作为一个被俯视的概念，而不是作为背景和基础进入现代教育视野的。从这一点上讲，理解沈从文不是将其作为保守的对象，而是理解中国人民族精神的起始姿态。

我们不是要美化乡土精神，乡土并不意味着现代化中的精神乐土，但不可否认，我们必须具有新的观察视角和思想维度。现代教育一方面继承了现代化的精神脉络，同时也保留了民族的生命底色。今天人们的精神虚空化，一个原因是我们的教育缺少足够的生命滋养。我们上面顶了天，下面却没有立地，并没有根植于乡土中国的大地上。从某种意义上说，当前颇受重视的心理健康教育只是事后追补，在缺少了生命底色的情况下，它只能治标，而不能治本。

鲁迅和沈从文的关注点不同，一个着眼于"公德"，一个关注"私德"，但他们互补互成。对于中国现代教育的精神发展来说，他们"一个也不能少"，如此才能使教育成为全面滋养个体生命发展的事业。

> 乡村教育需要那种真正能够理解乡村、理解乡村少年境遇、扎根乡村社会，又有远见、心智活泼的教师。

记者：当前，发展乡村教育迫切需要解决的问题是什么？

刘铁芳：改善乡村教育涉及方方面面的问题，包括乡村教育的培养目标、课程体系、评价体系、教学方法改革，这些问题要一下子解决非常困难，我们只能从小处着手，立足现实，切实地解决乡村教育的核心与关键问题。

就当下而言，关键问题一是教师培训与新教师的引入，即建立长效的乡村教师补充机制；二是做好以图书资料为核心的优秀文化资源的引进工作，建立必要的阅读资源补充机制。有了好的教师，有了好的文化产品，乡村教育就有了最根本的保障。乡村文化与乡村教育是乡村少年健全发展的两大支柱，两个方面的建设，缺一不可。

记者：人的因素是根本因素。你认为，乡村教师应该具备什么样的素质？

刘铁芳：由于乡村社会的功利化倾向以及乡村文化的荒漠化状态，精神文化不再是乡村生活的中心，这使得村民大大降低了对乡村教育和乡村教师的期待，因而教师在乡村的社会地位实际上下降了不少。当然，这里也有乡村教师自身的问题。在工业化文明的冲

附录 乡村教育：为现代人重建精神家园

击下，许多教师自身也在蜕变，缺少职业信念和教育理想情怀。

乡村教师必须具备一种"乡村素养"，包括对乡土文学、乡风民俗、乡土伦理以及现代乡村发展的理解，只有热爱并理解乡村的教师才能切实地给乡村孩子以价值引导。换言之，乡村教育需要那种真正能够理解乡村、理解乡村少年境遇、扎根乡村社会，又有远见、心智活泼的教师，他们在开启乡村少年知识视野的同时，能引导乡村孩子理解乡村世界，吸收乡村社会的教育资源，从而引领乡村少年的乡村情感与意识的全面孕育，让他们真实地生活在他们所栖居的乡村环境中，让他们不仅仅生活在对未来走出农门的想象之中，而且尽可能地生活在当下，并且亲近他们当下生活的世界。乡村教师的素质要求绝不仅仅是知识的多少与学历的高低，更是对乡村社会的亲近与广博的爱。

> 重建乡村文化，就是要恢复乡村文化起码的自信，重建乡村作为社会文化有机体存在的尊严，在此基础上才有可能重新发育乡村文化自身的增殖意识与能力。

记者：谈到乡村教育，不能忽视的是乡村文化，你认为当前的乡村文化处于一种空心化、荒漠化状态。那么，乡村教育的人文生态面临哪些危机？

刘铁芳：乡村社会的整体发展和乡村教育的人文生态面临诸多问题：一是乡村自然面貌的衰竭，环境破坏现象严重；二是乡村文化价值在物欲横流的现代社会中整体贬值，乡村民俗文化逐渐边缘化乃至部分消亡；三是乡村知识人与村民结合而成的乡村社会结构解体，稍有知识的乡村人整体性地逃离乡土，这使得乡村失去了文化生产与传播的主体，乡村实质上处于一种无文化甚至反文化的放任状态；四是乡村社会对精英文化接受能力的欠缺以及社会文化的产业化，致使精英文化在乡村社会中整体性缺席，乡村社会得不到有效的文化引导；五是传统的乡村伦理价值近于崩溃，等等。一句话，在当下的乡村，既有的文化已经退却，而优秀的文化却难以进入。

乡村文化对乡村教育是一种必不可少的滋养与补充。乡村文化的荒漠化使得乡村学校成为一种孤岛状的存在。少了乡村文化作为背景和资源，乡村教育只剩下知识技能的简单授受，而缺少了生命的深度滋养。

记者：这样说来，改善乡村教育的一个重要的同步性工作，就是重建能够滋养乡村教育的乡村文化。

刘铁芳：从根本上说，就是要恢复乡村文化起码的自信，重建乡村作为社会文化有机体存在的尊严，在此基础上才有可能重新发育乡村文化自身的增殖意识与能力。

我一直认为图书完全市场化对于乡村社会是贻害无穷的，因为乡村缺少购买力，在市场化的条件下，优秀图书难以进入乡村世界，大量劣质图书趁虚而入，这大大降低了乡村社会的文化品位。因此，政府需要确保优质图书进入乡村社会，此举也许只会改变乡村社会的极少数人，但是这些人都是能够激励乡村少年精神成长的"火种"。我们不仅要培植火种，还要留住火种。具体而言，政府需要重视乡村图书室建设，植入以文学名著为代表的优秀人文作品；二是要净化社区图书环境，减少低劣出版物对乡村社会的污染；三是要扶持图书市场，支持公益性的图书出版和发行，像"家电下乡"一样，做好图书和文化下乡工作。其实，乡村社会不仅需要"路路通"，更需要畅通精神发展的道路，这是乡村社会长远、健康发展的真正基础。